RODRIGO **KUSTER**
GABRIEL **MACHADO**
VITOR **DURÃO**

Saindo da garagem

Música e Business

SÃO PAULO
SALTA – 2015

© 2014 by Editora Atlas S.A.

O selo SALTA pertence à Editora Atlas S.A.

Capa: Ítalo Frediani
Composição: Luciano Bernardino de Assis

Dados Internacionais de Catalogação na Publicação (CIP)
(Câmara Brasileira do Livro, SP, Brasil)

Kuster, Rodrigo
Saindo da garagem : música e business / Rodrigo Kuster, Gabriel Machado, Vitor Durão. – São Paulo: Atlas, 2015.

Bibliografia.
ISBN 978-85-224-9651-8
ISBN 978-85-224-9649-5 (PDF)
ISBN 978-85-224-9650-1 (ePUB)

1. Mercado de música 2. Música 3. Música – produção 4. Música – Filosofia e estética I. Machado, Gabriel. II. Durão, Vitor. III. Título.

14-12412
CDD-780

Índice para catálogo sistemático:

1. Música   780

TODOS OS DIREITOS RESERVADOS – É proibida a reprodução total ou parcial, de qualquer forma ou por qualquer meio. A violação dos direitos de autor (Lei nº 9.610/98) é crime estabelecido pelo artigo 184 do Código Penal.

Depósito legal na Biblioteca Nacional conforme Lei nº 10.994, de 14 de dezembro de 2004.

Impresso no Brasil / *Printed in Brazil*

SALTA

Editora Atlas S.A.
Rua Conselheiro Nébias, 1384
Campos Elísios
01203 904 São Paulo SP
011 3357 9144
atlas.com.br

Agradecemos a todos que nos deram apoio durante
todos esses anos de pesquisa e trabalho para fazer este livro.

Em especial:

Agradeço a Deus acima de tudo, JAK e Aurinha (*in memoriam*)
e à minha pequena grande família:
Cinthia, Valentina, Guilhermina e Theo.

Aos meus queridos amigos
Gabriel Machado e Vitor Durão pela persistência.

Rodrigo Kuster

À minha família que me proporcionou a "terra firme"
necessária para que eu pudesse sonhar
e navegar em oceanos mais distantes;

Aos meus amigos de jornada Rodrigo Kuster e Vitor Durão,
que me ajudaram a transformar esse projeto em uma escola;

À Vida, por ter sido gentil em dispor
essa generosa oportunidade na minha trilha.

Gabriel Machado

Meus agradecimentos especiais vão para:

Meus pais Pedro e Zélia,
verdadeiras referências de caráter,
integridade e amor incondicional;

Deus, força superior que nos guia e inspira;

Meus amigos Gabriel Machado e Rodrigo Kuster que,
generosamente, me proporcionaram a
oportunidade de participar deste livro.

Vitor Durão

Sumário

Prefácio   xi

Introdução   1

1   BREVE HISTÓRIA DA MÚSICA OCIDENTAL COMO NEGÓCIO   7

2   A CADEIA PRODUTIVA DA MÚSICA   17

   2.1   Algumas considerações iniciais   19

      2.1.1   Consumidor e Insumidor   19

      2.1.2   Conteúdo e Suporte   20

      2.1.3   Passando Diretamente ao Assunto   21

   2.2   Núcleo da Indústria Fonográfica   21

      2.2.1   Fase de pré-produção – matéria-prima   21

      2.2.2   Fase de produção   22

      2.2.3   Fase de distribuição   26

      2.2.4   Fase de comercialização   27

      2.2.5   E a promoção?   28

   2.3   Núcleo de *shows* e eventos musicais   31

      2.3.1   Fase de pré-produção   31

      2.3.2   Fase de produção   31

      2.3.3   Fase de distribuição   34

      2.3.4   Fase de promoção   35

      2.3.5   Fase de comercialização   35

3 ASPECTOS LEGAIS   37

   3.1   Direito de Autor e Conexo   39

      3.1.1   Obras protegidas   40

      3.1.2   O autor   41

      3.1.3   As modalidades de obras   41

      3.1.4   O Direito Conexo e seus titulares   42

      3.1.5   Direitos Morais e Direitos Patrimoniais de Autor   43

      3.1.6   As modalidades de utilização da obra   45

      3.1.7   Reprodução e execução pública – distinção importante   47

      3.1.8   Associações de gestão coletiva de Direitos de Autor e Conexos   48

      3.1.9   Limitações ao Direito Autoral   49

      3.1.10 O domínio público   50

   3.2   Direitos da Personalidade – imagem, nome, pseudônimo e voz   51

   3.3   Direito Marcário   53

      3.3.1   O registro e suas condições   53

      3.3.2   O processo de registro   55

      3.3.3   Diferenças entre o registro do Direito Marcário do Direito Autoral   55

   3.4   Formas de associação   56

4 ASPECTOS ECONÔMICOS   61

   4.1   Introdução   61

   4.2   Bens econômicos   63

      4.2.1   Bens normais, inferiores e de consumo saciado   63

      4.2.2   Bens concorrentes e complementares   65

   4.3   Valor   66

   4.4   Oferta e demanda   68

      4.4.1   Preço   69

      4.4.2   Elasticidade-preço de demanda   71

      4.4.3   Estruturas de mercado   71

5 MARKETING   75

   5.1   Introdução   75

   5.2   Para que serve o marketing?   77

5.3 Quais variáveis são relevantes para o mercado?   78

   5.3.1   Como isso é possível?   79

5.4 Como fazer isso?   81

5.5 Entendendo as partes   81

   5.5.1   Questões relacionadas ao produto   82

   5.5.2   Questões relacionadas ao preço   84

   5.5.3   Questões relacionadas à comunicação   85

   5.5.4   Questões relacionadas à distribuição   86

   5.5.5   Questões relacionadas à concorrência   87

5.6 Hora da mixagem   88

6   MARKETING DAS ARTES   89

6.1 Introdução   89

   6.1.1   Diferenças   90

   6.1.2   Fases de evolução do marketing   90

   6.1.3   Responsabilidade social   91

6.2 Marketing das artes X marketing cultural   92

6.3 Marketing das artes   93

   6.3.1   Introdução   93

   6.3.2   O produto cultural ou artístico   94

   6.3.3   Perfil subjetivo ou identidade do produto cultural ou artístico   95

   6.3.4   Identidade e imagem do produto artístico   95

   6.3.5   Esforço   97

   6.3.6   Posicionamento do produto artístico ou cultural   97

   6.3.7   Atingindo o resultado   99

   6.3.8   Dicas importantes   100

7   A MÚSICA COMO NEGÓCIO   103

7.1 Introdução   103

   7.1.1   O sonho do lançamento   104

7.2 Composições   105

7.3 Edição musical   106

7.4 Fonogramas e Indústria Fonográfica   107

   7.4.1   Reprodução de fonogramas   108

   7.4.2   Execução pública de fonogramas   111

7.5 Mercado de shows 112

    7.5.1 Transmissão de shows 116

7.6 Licenciamento de música 117

7.7 Novas tecnologias digitais 118

8 INVESTINDO EM MÚSICA 121

8.1 Introdução 121

8.2 Por que investir em música? 122

8.3 Qual é o tamanho do mercado? 122

8.4 Como investir em música? 123

8.5 O que levar em consideração? 125

8.6 Quais são as fontes de investimento? 125

9 PLANEJANDO A CARREIRA 129

9.1 Introdução 129

9.2 Persistência e foco 130

9.3 Fases do planejamento de carreira 130

9.4 Estratégia 131

9.5 Tática 135

9.6 Operação 136

Referências 137

Prefácio

Como toda boa história na área da música, esta também começa com uma conversa entre amigos. Era 2006, quando, diante de um crescente número de perguntas sobre o futuro do mercado fonográfico, ficou em evidência que muitas pessoas e empresas ligadas direta e indiretamente ao ramo iriam "ver a terra tremer debaixo de seus pés" – a música passava por mais uma transição entre ciclos.

Diante desse cenário, nós demos início a um período de estudos e pesquisas sobre essa questão. Como consequência desse olhar reflexivo sobre o que acontecia e ainda estava por vir, chegamos à seguinte informação-chave: as mudanças de ciclos são naturais e parte integrante na história da música.

Após essa constatação, fizemos o seguinte questionamento: "se os ciclos são esperados, por quais motivos as pessoas e empresas não estão preparadas quando eles acontecem?" Muito dessa pergunta pode ser respondido olhando-se para a insuficiente formação – *sob a perspectiva de negócio* – de um enorme número de pessoas envolvidas na área musical. Mesmo estando em 2014, oito anos após o surgimento da ideia embrionária que deu origem ao livro, essa "lacuna" diminuiu, mas ainda está muito aquém do que deveria estar. Baseado nessas informações, desenvolvemos a seguinte hipótese: se esses profissionais aprimorassem o seu lado de negócio, a "chegada" de cada ciclo não representaria uma ameaça, mas, sim, uma oportunidade.

A partir dessa hipótese, surge efetivamente o *Saindo da garagem*. Uma obra que tem como principal propósito conscientizar você que está lendo sobre a necessidade de equilíbrio entre o lado A (artístico) e o lado B (*business*). Evidenciar que eles não são excludentes e devem andar em conjunto e harmonia.

Pode estar certo de que quanto mais conhecimentos e esclarecimentos sobre o mercado musical você conseguir acumular, mais preparado e apto estará para aproveitar as oportunidades que cada novo ciclo traz. Quem não olha para a frente fica para trás. Isso é o que diferencia "quem permanece ou sai da garagem".

Vamos juntos nessa trilha! Poder colaborar na potencialização de seus talentos é algo que nos move e motiva. É a energia que nos deixa realmente entusiasmados. Esse é o nosso norte: nos sentirmos úteis na sua trajetória. Seu sucesso será nosso orgulho!

Introdução

Sonho meu!

Um leitor desavisado poderia supor: – "Saindo da Garagem? Esse livro deve ser voltado para os amantes do automobilismo". Não! É para quem ama a música. Ama tanto que gostaria de viver dela. Mas esse engano é natural. Afinal de contas, existe associação mais direta do que carro e garagem? Pode ser. Mas, por incrível que pareça, os automóveis e a música têm uma semelhança importante: ambos necessitam de direção.

"Esses autores devem ter um parafuso a menos. Carro e música só têm alguma ligação quando ligo o rádio do carro ou coloco um CD ou MP3 para tocar nas viagens. Que papo furado é esse de que eles se assemelham pela direção? Essa é novidade." Calma, leitor! Muita calma nessa hora. Vamos explicar.

O mercado da música é bastante disputado e complexo. Por isso, você que deseja ingressar e/ou permanecer nele deve ter em mente que é necessário conhecê-lo detalhadamente. Saber exatamente em que terreno está pisando. Diante disso, se faz necessária uma orientação para se conhecer a direção correta a seguir. Aí é que entra o nosso livro. Como uma espécie de bússola para orientá-lo e ajudá-lo no caminho que você escolheu seguir: viver da música. Para que esse seu sonho se transforme, efetivamente, em realidade e, aí sim, você possa efetivamente "sair da garagem" com mais chances de ser bem-sucedido.

Agora, você deve estar se perguntando sobre o motivo de estarmos escrevendo tudo isso. Sempre tivemos a sensação de que as pessoas ligadas à área artística carregam dentro de si, desde muito cedo, uma espécie de sentimento, pode-se até dizer uma certeza, de que se não puderem se expressar artisticamente, não são completas. Não se sentem realmente plenas. Nós, com certeza, carregamos esse sentimento. Não conseguimos pensar em nenhuma época da nossa vida onde a música, de alguma forma, não estivesse presente. A música não faz parte da nossa vida. A música é a nossa vida.

Compartilhamos o mesmo sonho que você. Sabemos o que é acordar todos os dias e ter que atuar em outras atividades, que às vezes não estão ligadas diretamente à música, para nosso sustento. Sabemos o quanto é "vazio" trabalhar em algo que, muitas vezes, não tem nada a ver com a nossa personalidade. Foi exatamente por isso que resolvemos escrever sobre esse mercado. Percebemos que a única maneira de aumentar as nossas chances de concretizar o nosso sonho era nos transformarmos em "profissionais da música".

Quando utilizamos o termo *profissional da música*, não devemos nos fixar na crença de que este será obrigado a se curvar totalmente ao mercado e acatar suas vontades e caprichos. O "profissional da música" não vai ficar engessado ou restrito. Não vai ter sua expressão artístico-cultural inibida. Mas é fundamental compreender a lógica da Indústria da Música e como ela se relaciona com mercados complementares: cinema, TV, teatro etc. Dessa maneira, maiores serão suas chances de se aproximar e realizar os seus objetivos. Isto é, a compreensão fundamental de que é preciso desenvolver e equilibrar a arte e o negócio.

A ideia central deste livro é expor de forma clara, tranquila e nos mínimos detalhes os passos necessários para aumentar as chances das pessoas que têm o desejo de "fazer acontecer", que têm essa atitude constante unida a uma vontade que transborda. Aquelas que compreendem a complexidade envolvida em transformar um sonho em algo real. Como construir uma boa, longa e planejada carreira como "profissional da música".

Sonhar com o pé no chão

Ao longo da vida já ouvimos vários chavões: "A realidade nua e crua"; "A verdade, doa a quem doer"; "O mundo lá fora num segundo te devora" e assim vai. Calma novamente, leitor! Este livro não será sensacionalista nem traumático! Muito pelo contrário. Depois deste momento "vendendo o peixe", vamos bater um papo sério. Pode pegar a cervejinha, café ou a água mineral, se preferir. Está preparado? Então vamos lá. É importante que uma questão fique bem clara na mente de todos nós: sonhar é importante, mas sonhar com o pé no chão é fundamental. Entender que, para ser um profissional da música bem-sucedido, não basta ter talento e sorte. É necessário entender a dinâmica da Indústria da Música, o lado comercial do mercado musical.

Sabemos que o talento pessoal empregado na produção da obra artística é original, único. Contudo, isso não é garantia de que ele irá gerar lucro e sustento de maneira consistente. Que toda essa capacidade artística propiciará um sucesso prolongado e definitivo. Devemos deixar por um momento o romantismo de lado e procurar, o quanto antes, ficar inteirados sobre quais são os mecanismos de funcionamento dessa geringonça cheia de engrenagens chamada mercado musical.

O profissional da música deve se conscientizar de que existe toda uma operação legal, comercial, logística e financeira que possibilita o lançamento, sustento e, em alguns casos, a volta triunfal de um determinado artista ou produto. Dessa forma, faz-se necessária uma pergunta fundamental: como a Indústria da Música obtém o seu lucro? Essa pergunta, quando respondida de forma coerente, possibilita que o profissional da música se posicione de uma forma mais empreendedora e produtiva a fim de conseguir os recursos financeiros para viabilizar o seu projeto ou de outras pessoas.

O ganho dessa consciência sobre o mercado possibilita uma pergunta ainda mais importante: como eu, profissional da música, posso proporcionar lucro para a Indústria da Música através de um determinado projeto? Esse livro procurará dar maiores condições para você responder a essa pergunta de forma concreta e com o máximo de precisão possível. Procurará colocá-lo no grupo que FAZ dinheiro, e não simplesmente GANHA dinheiro. A diferença entre fazer e ganhar é muito sutil, mas compreendê-la pode constituir um verdadeiro "divisor de águas", não só no mercado musical, mas também em qualquer outro mercado.

Você pode ganhar dinheiro executando qualquer tipo de ocupação. Receberá apenas uma gratificação pelo serviço prestado. Ou seja, fará o que a grande maioria das pessoas faz. Terá um pensamento limitado e de curto prazo. Fazer dinheiro significa chamar dinheiro, isto é, ter uma postura diferenciada e procurar posicionar-se como um possível multiplicador de ganhos para seu negócio, não como mero recebedor de lucros.

O propósito desta introdução é deixar bem claro que existem algumas características psicológicas que, somadas a uma enorme quantidade de atitude e paciência, poderão aumentar significativamente as suas chances na hora de transformar o seu sonho em realidade.

Empreender é preciso...

Largamente utilizado ultimamente, o conceito de empreendedorismo é um dos pilares fundamentais para a realização de um projeto bem-sucedido. O livro propõe-se a juntar uma grande quantidade de informações e ferramentas importantes sobre o mercado musical, além de ressaltar a importância do desenvolvimento do seu lado empreendedor.

Existe uma grande discussão sobre se o empreendedorismo é algo natural ou é algo que pode ser ensinado. Nós nos posicionamos da seguinte forma: empreendedorismo é uma habilidade. Algumas pessoas já são empreendedoras por vocação e outras têm que procurar desenvolver ainda mais essa capacidade. De qualquer forma, como qualquer habilidade, ele pode ser treinado e aprimorado através da atitude, disciplina e busca contínua pelo conhecimento.

A habilidade de empreender poderia ser vista com uma ponte entre o mundo das ideias e o mundo real. Ela estará presente em cada passo que você der para alcançar e manter seu sonho vivo e lucrativo.

Segundo o escritor norte-americano Richard St. John, que entrevistou pessoalmente mais de 500 pessoas altamente bem-sucedidas, há 8 traços importantes nas pessoas que chegam ao sucesso:

- paixão pelo que faz;
- muito trabalho;
- foco;
- sempre estar movendo adiante;
- boas ideias;
- progredir;
- servir à sociedade algo de valor;
- persistência.

Então vamos dar início a essa fascinante trilha. Para evoluirmos, é necessário conhecermos o passado. Por isso, nada melhor do que começarmos com um capítulo que discorre sobre história da música ocidental como negócio. Divirta-se!

1

Breve História da Música Ocidental como Negócio

"Oh oh oh nada mudou"

(*Nada mudou*, Léo Jaime)

O passado constrói o presente. Muitas das inovações que utilizamos hoje são releituras, adaptações e modernizações de descobertas realizadas por nossos antepassados.

O estudo aprofundado da história nos permite compreender, de forma abrangente, como a música se desenvolveu ao longo do tempo, passando a ser, além de uma expressão da arte, um negócio lucrativo.

Vale lembrar que o momento atual é, muitas vezes, uma repetição do que aconteceu no passado. A música sempre esteve presente nas sociedades, desde os tempos mais remotos. Sua utilização em rituais e cultos das mais diversas religiões e culturas remonta a alguns milhares de anos antes de Cristo.

Neste estudo, vê-se que a música[1] era usada como pano de fundo para celebrações civis, religiosas e militares. Não tinha uma autonomia. Não era um fim em si mesma, apenas meio para determinados fins. A isso chamamos "funcionalização" da música. Ela dependia de outros eventos para chegar a existir.

---

[1] Iremos focar nosso estudo na música ocidental dodecafônica, que virou o padrão do mercado globalizado.

Nas palavras de uma importante dupla de historiadores da atualidade, a música era usada no século XVI como "forma de divertimento no campo, e, na cidade, como forma de divertimento e de cerimônias oficiais, civis ou religiosas, sobretudo a famosa *'entrada gloriosa'* do monarca, onde a música desempenhava papel fundamental".

Nessa época, o compositor e os músicos eram empregados exclusivos da Igreja ou da nobreza. É interessante notar que as composições eram normalmente feitas para serem executadas uma única vez, para determinada ocasião.

Curioso é que, desde essa fase, já havia uma distinção entre os próprios músicos, uma vez que alguns estavam mais próximos de seus patrões e, outros, mais distantes. No caso da nobreza, isso ocorria porque os castelos eram imensos e tinham, muitas vezes, centenas de cômodos e funcionários.

Alguns autores citam, como exemplos, os músicos de câmara e os músicos de estrebaria. Os primeiros eram aqueles que se apresentavam em cerimônias menores e mais reservadas, como jantares, aniversários e festividades particulares, tendo, portanto, um contato mais "íntimo" com seus patrões. Os próprios músicos de câmara acabaram por apelidar aqueles músicos que não tinham esse privilégio de músicos de estrebaria.

Assim, em dado momento, a aproximação dos músicos com a nobreza acabou por despertar a curiosidade dos nobres no aprendizado da música, foi quando iniciou-se a prática musical chamada "amadora".

Tal prática é bem definida na expressão alemã *Liebhabers*. Esse termo pode ser traduzido como "aquele que tem amor por alguma coisa", ou seja, os *Liebhabers* foram aqueles que iniciaram o sentimento de apreciação pela música por si só. Infelizmente, a palavra *amador*, com o tempo, ganhou grande carga estigmatizante, passando a ter uma conotação negativa. Foram esses *Liebhabers* que, indiretamente, deram o pontapé inicial na música como negócio. Além disso, também necessitavam de instrumentos musicais para praticar e apreciar a música. Com isso, de olho no novo mercado, surgiram novos fabricantes de instrumentos musicais que, com novas técnicas e ferramentas, conseguiram manufaturar melhores produtos, que permitiam uma melhor execução musical.

Quando Johannes Gutenberg criou a imprensa (reprodução mecânica de textos através do tipógrafo) as composições passaram a ganhar um veículo de difusão. Como já mencionamos, muitas composições eram feitas para uma única apresentação, mas, com o advento da imprensa musical, as partituras musicais começaram a circular entre os nobres.

Dessa forma, apareceram as Editoras de Música, muito conhecidas, hoje em dia, como *Music Publishers*. É interessante notar que, na época, não havia proteção ao Direito de Autor, e as Editoras Musicais transcreviam a música para o papel, duplicavam e a vendiam, o que se tornou um negócio bastante lucrativo.

Essa época fez parte do período europeu conhecido como Renascença ou Renascimento, que, na verdade, foi um redescobrimento da arte e um reavivamento do saber.

Estando a sociedade inundada desse sentimento, surgiu uma prática inovadora na Itália: a *poesia per música*, que se tratava de musicar um texto não sacro. Nicola Vincentino assim a definiu em 1555: "A música feita sobre um texto não tem outro propósito do que expressar o sentido, as paixões e afeições nele contido por meio da *harmonia*."

Jean e Brigitte Massin, em sua excelente obra, nos contam acerca desse sentimento da Renascença:

> "*Sejam quais forem os meios empregados, todos os compositores desta geração pareciam perseguir o mesmo objetivo que os italianos: restituir à música um poder real que ela detivera, segundo eles, entre os antigos e que se resume em uma palavra (que deve ser entendida no seu sentido mais forte): o arrebatamento.*
>
> *[...] Aquilo que nos pode parecer uma situação banal de enlevo produzido pelo prazer estético é percebido, pelos homens da época, em sua novidade, como a concretização rara de uma espécie de êxtase órfico, facultado pelo poder mágico dos sons. Na linguagem do séc. XVI, 'ter a alma arrebatada' era uma expressão forte.*"

O século XVII trouxe um clima mais propício para o desenvolvimento dos negócios da música, devido ao fim da Guerra dos Trinta Anos, um dos maiores períodos de guerras na Europa cujo término se deu através dos Tratados de Vestfália em 1648.

Nessa época, surgiu na sociedade a tendência pela separação da música da vida cotidiana, principalmente das celebrações civis e militares. Essa mudança é chamada de "desfuncionalização" da música, que passa a ser elevada a outro patamar, começando a ser encarada como um negócio.

Como consequência da difusão de instrumentos musicais e partituras, a apreciação pela música em si ganha mais adeptos. O crescimento da classe burguesa, que ganhava cada vez mais poder aquisitivo, ampliou a demanda do mercado musical. Principalmente na Alemanha, Itália e França, foram criadas academias, que eram locais onde aconteciam apresentações musicais privadas.

De certa forma, as apresentações musicais ainda estavam monopolizadas pela nobreza e pelo clero, em virtude de seu poder econômico. Os custos eram altos para sustentar músicos, compositores e demais envolvidos. Apesar do movimento de "desfuncionalização" da música estar se expandindo, alguns nobres e clérigos ainda faziam uso político da música, como os Cardeais Richelieu e Mazarin. Segundo o compositor alemão Johann Kuhnau, "a música diverte o pensamento do povo e impede que se vejam as cartadas do governo".[2]

Ao mesmo tempo, começava a surgir o espetáculo público pago, onde eram admitidas quaisquer pessoas, desde que tivessem o dinheiro para pagar o ingresso e estivessem vestidas apropriadamente. Essa situação deu oportunidade para o surgimento do *mecenato* como meio de custeio das apresentações.

É interessante lembrar que o termo *mecenato* teve origem na história de Gaius Mecenas, cerca de 100 a.C. Conselheiro de confiança do imperador de Roma Cesar Octaviano e pertencente a uma família abastada, resolveu patrocinar financeira e politicamente artistas e escritores. Assim, o termo *mecenato* incorpora a ideia do patrocínio mediante a exposição do patrocinador.

Além das dificuldades financeiras, os músicos no século XVII acumulavam, além da própria função de músico, as de compositor, professor, cantor e tinham que dominar os estilos musicais exigidos pela sua posição. Nada diferente de hoje, não é verdade?

---

[2] Trecho do livro de Johann Kuhnau *Der musicalische Quack-Salber* (O charlatão musical), publicado em 1700.

Dessa maneira, para superar o acúmulo de funções, surgiu a necessidade de especialização da classe musical. A manufatura de instrumentos musicais já se tornara de alta técnica, com excelentes instrumentos, o que tornava a execução musical cada vez mais arrojada e bem-feita.

Um marco importante no processo de profissionalização foi a criação, em 1710, na Inglaterra, do primeiro instrumento de proteção ao Direito de Autor: o estatuto da Rainha Ana, inaugurando o sistema de *copyright* (©), que estabelece um privilégio de reprodução das composições.

Aparece, nessa época, a figura do músico itinerante, que não era empregado dos nobres nem do clero. Efetivamente, era um "desempregado" que tocava seu instrumento pelas ruas das cidades.

No século XVIII, muitas academias fecharam e houve grande declínio do *mecenato* em razão, principalmente, dos altos custos para manutenção dos espetáculos e apresentações.

Pela escassez de recursos, a música autônoma só sobreviveria através da sua organização como um negócio lucrativo. Diante dessa necessidade, foi iniciado o processo de organização de sua cadeia produtiva, formada, na ordem, pelos compositores e editoras, pelos músicos, maestros e produtores de espetáculos, chegando a seu destino: o espectador.

Figura 1.1 – Início da cadeia produtiva da música ocidental

Fonte: Os Autores.

A exclusividade dos compositores, antes detida por seus patrões, foi minguando, libertando-os para maiores negócios, entre os quais podemos destacar o binômio composição-edição, que se firmou com o advento do Direito de Autor.

Essa área foi alavancada quando do invento da litografia na Alemanha, o que facilitou e aumentou, extraordinariamente, a impressão de partituras. Além disso, permitiu a perpetuação de obras pela própria impressão. Mesmo assim, poucas delas chegaram aos nossos dias.

Um dos desdobramentos desse desenvolvimento foi o aparecimento, em pleno século XVIII, da pirataria musical. Ocorrem casos absurdos como o de Haydn, que, por sua fama à época, viu seu nome em obras que não fez, ou seja, certas pessoas compunham obras e utilizavam o nome de Haydn para vendê-las a editoras ou ao público.

A condição dos músicos estava em processo final de subordinação a seus "patrões", mas a história conta-nos casos interessantes, como a batalha judicial de Beethoven contra um de seus patrões, o que o levou a ter sua renda severamente comprometida até o final de sua vida.

Foi comentado anteriormente que, nos séculos passados, as obras musicais eram compostas para uma ou poucas execuções locais, em determinado feudo ou cidade. Porém, com a circulação de partituras e a "desfuncionalização" da música, iniciou-se um período de maior visibilidade de certas obras. Começa a aparecer um fenômeno interessante: a repetitividade da música. As obras passaram a ser executadas com maior frequência e abrangência, uma vez que não mais necessitavam de ocasiões especiais para serem apresentadas. Elas mesmas passaram a ser a própria ocasião especial.

As longas obras antes compostas foram dando lugar a um tipo de composição mais curta, denominada de música ligeira, pois era mais facilmente consumida e absorvida pelo público.

Dessa maneira, criou-se a linha divisória entre a música popular e a música erudita. Como bem salienta Massin, nos séculos XIX e XX,

> *"a maioria dos compositores da época, evidentemente seguia a primeira tendência, mais fácil e comercial. Toda uma música de salão, de dança, de entretenimento, além da opereta e de uma quantidade de canções e peças ligeiras, foi composta para um público que não somente os compositores, mas sobretudo os editores e negociantes de instrumentos, desejavam satisfazer".*

No trecho acima, fica evidente a indicação de que o público consumidor de música ligeira (ou popular) interessava muito aos editores, compositores e fabricantes de instrumentos musicais, que formavam um setor em grande expansão. É o embrião da atual cadeia produtiva da música, já definidos os setores de produção, distribuição, comercialização e consumo. Nesse período deu-se a completa "desfuncionalização" da música e do músico, que ganhou sua total autonomia.

Entre suas maiores consequências, esse fato trouxe a percepção da subjetividade do artista, sendo este tanto o compositor quanto o intérprete, tanto o maestro quanto o músico. A subjetividade resume-se nas qualidades do sujeito, ou seja, percebeu-se que determinado compositor tinha seu estilo, descrito pelas qualidades de sua criação e de sua personalidade.

Dessa forma, surgiu o olhar crítico sobre o artista daquela época, o que individualiza seu trabalho, fato antes sequer levado em consideração, uma vez que as obras eram subordinadas e ofuscadas pelas suas antigas funções.

É o nascer do trinômio artista-fã-massificação.

Figura 1.2 – Trinômio artista-fã-massificação

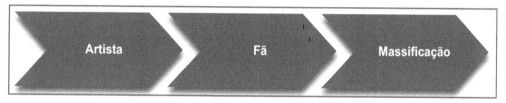

Fonte: Os Autores.

Como exemplo desse trinômio, podemos citar a obra *After the ball*, de Charles K. Harris, que, em 1893, teve milhões de exemplares de sua partitura vendidos. Perceba que o consumo foi de partitura, que era o veículo de comercialização do conteúdo musical. Fica claro que essa fase – a da partitura – foi muito forte. Até que o homem descobriu a eletricidade. Agora, vamos entrar no mundo mágico dos sons gravados e reproduzidos: o início da indústria fonográfica.

Em 1877, Thomas Alva Edison criou um aparelho para reproduzir gravações sonoras: o fonógrafo. Entretanto, foi a partir da fundação da Victor Talking Machine Company, em 1901, que o acesso aos reprodutores de som começou a crescer. A empresa também desenvolveu em 1906 uma máquina com novo *design* que se tornou bastante famosa: a *Victrola*, que, entre nós, passou a ser termo genérico para toca-discos, ou seja, vitrola.

O período entre 1920 e 1950 trouxe grandes evoluções no desenvolvimento das máquinas reprodutoras de discos e surgiram grandes empresas fabricantes desses aparelhos, entre elas a Radio Corporation of America (RCA) nos Estados Unidos, a EMI na Grã-Bretanha e a Philips na Holanda. Esses fabricantes acabaram tornando-se os primeiros produtores fonográficos, ou seja, produziam as músicas que eram vendidas nos discos. Eram os sinais do declínio das vendas de partitura. A música renovava seu transporte.

Em 1929, a RCA compra a Victor Talking Machine Co. e passa a se chamar RCA/Victor, aquela famosa gravadora que tinha como símbolo um cachorrinho – chamado Nipper – ouvindo um fonógrafo.

O comércio de discos acabou por se revelar uma atividade bastante lucrativa, com vendas sempre crescentes. Em 1942, foi instituído, nos Estados Unidos, o prêmio 'Disco de Ouro', para comemorar a vendagem de mais de 1.000.000 de discos da música *Chattanooga Choo Choo*,[3] interpretada por Glenn Miller e sua Orquestra.

É bom lembrar que, nessa época, os discos musicais eram feitos de um material bastante delicado. Com as vendas crescentes, em 1948, foi introduzido no mercado o disco de vinil, material muito mais resistente que o anteriormente utilizado.

Em 1942, foi feita por Helmut Kruger a primeira gravação estereofônica, onde o som era gravado e reproduzido em dois canais: o esquerdo e o direito. Foi como se a gravação, antes em preto e branco, se tornasse colorida. As primeiras fitas comerciais em estéreo (dois canais) foram lançadas em 1954.

O período de 1960 a 1980 esquentou ainda mais o mercado musical. A música necessitava de portabilidade, uma vez que os toca-discos se mostravam inadequados para viagens e passeios. Tendo isso em mente, a Philips lança no mercado, em 1963, o musicassette (ou *compact cassette*), apelidado por nós de fita cassete (K7).

Em apenas cinco anos, as vendas de K7 nos Estados Unidos chegaram a milhões de unidades, gerando faturamentos igualmente milionários para o mercado fonográfico. Em 1980, a japonesa Sony lança no mercado o Walkman, pequeno toca-fitas individual para reproduzir fitas cassete, através de pequenos alto-falantes individuais: os *headphones* (fones de ouvido). Foi uma febre mundial.

Detectavam-se os primeiros sinais do declínio das vendas de discos de vinil. A música renovava seu transporte. Confirmando essa tendência, em

---

[3] Música composta por Harry Warren e Mack Gordon.

1981, a Philips anuncia a criação do Compact Disc (CD), sendo oficialmente lançado no mercado em 1982.

Com o mercado "a mil por hora", os recordes de vendagem são batidos diariamente, chegando o cantor americano Michael Jackson a vender, em 1984, somente nos Estados Unidos, 20 milhões de unidades de seu famoso álbum *Thriller*.

Em apenas três anos do lançamento do Compact Disc, suas vendas chegam à marca de 60 milhões de unidades apenas nos Estados Unidos, ultrapassando as de discos de vinil de forma definitiva no início da década de 1990 e igualando-se às vendas de K7 em 2000. É o início do fim do vinil (a não ser para os aficionados).

Outras mídias – ou veículos – são inventadas, como o DAT[4] da Sony, o DCC[5] da Philips e o MiniDisc, também da Sony. Entretanto, nenhuma delas efetivamente ganhou o gosto do público, que optou definitivamente pelo CD. Em 1997, é lançado o DVD,[6] que se mostra uma opção para reprodução de vídeos e armazenamento de áudio digital.

Em 1998, surgem os reprodutores do formato de áudio digital *MPEG-1 Audio Layer III*, ou simplesmente MP3. O formato foi desenvolvido durante pesquisa de cientistas e universitários alemães na década de 1980, os quais conseguiram compactar os enormes arquivos de áudio digital, reduzindo-os em cerca de dez vezes seu tamanho, com uma perda inexpressiva de qualidade para o ouvido comum. Mais uma vez, a música renova seu transporte.

Hoje, mais de uma década depois, a música continua sendo uma unanimidade no mundo. Uma arte cujo acesso se tornou amplo em decorrência da Internet e que caiu no gosto de todos.

Mesmo com a convivência na atualidade de diversos formatos diferentes de transportes (ou mídias) da música – como o Blu-ray Disc, lançado em 2006 – além das incontáveis apresentações musicais contemporâneas, desde pequenos concertos a festivais gigantes, seu consumo continua um hábito diário de quase a totalidade das pessoas de nosso planeta.

---

[4]   Digital Audio Tape, fita de áudio digital (1986).

[5]   Digital Compact Cassette, fita cassete digital compacto (1992).

[6]   Digital Video Disc, disco de vídeo digital.

Na virada da primeira década deste século, o mundo digital conseguiu "sair da sua garagem" e entrou forte no mercado. A iTunes Store, desenhada e lançada inicialmente pela Apple de Steve Jobs em 2002, de tímida lojinha, virou um verdadeiro *shopping center* mundial de música. Não somente de música, mas também dos mais variados conteúdos audiovisuais e educacionais.

"Mil músicas no seu bolso" era a mensagem de venda da primeira versão do revolucionário iPod no seu lançamento em 2001 (o do Rodrigo está até hoje no seu escritório). Porém, de certo modo, o transporte estava prestes a desaparecer da nuvem do chamado *Cloud Computing*.

Comprar músicas era legal (com duplo sentido), mas para que comprar algumas se você pode ter todas? Os serviços de *streaming*, gratuitos ou pagos, mais uma vez revolucionaram o cenário do mercado musical. Empresas como Pandora, Spotify, Rdio e Beats, entre outras, viraram a febre do mercado musical, por oferecerem por intermédio de seus aplicativos (*apps*) praticamente todo o catálogo musical do mundo em uma única plataforma.

Do ponto de vista do consumidor e das empresas que fornecem o serviço, o *streaming* é o melhor dos mundos. Para o artista e para a gravadora já não podemos dizer o mesmo, pois a rentabilidade para esses últimos é muito baixa, uma vez que o pagamento recebido por cada execução está na casa dos milésimos de centavos.

Entre todos os altos e baixos, podemos perceber que, através de um paulatino crescimento e ramificação da cadeia produtiva, a música se estabeleceu definitivamente no mundo como um importante fator econômico e sociocultural. O que será que o futuro nos reserva?

Figura 1.3 – Linha do tempo dos transportes (ou suportes) da música

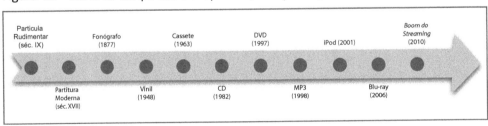

Fonte: Os Autores.

2

A Cadeia Produtiva da Música

"Daqui pra frente, tudo vai ser diferente"

(*Se você pensa*, Roberto Carlos/Erasmo Carlos)

Cadeia produtiva é a integração do conjunto de atores[1] (também chamados de *players*) que participam, de forma complementar, colaborativa e com funções bem definidas, de um processo que engloba desde a matéria-prima, passando pelo consumo de um determinado produto ou serviço, até o seu descarte (responsabilidade compartilhada pelo ciclo de vida dos produtos).[2]

Vejamos um exemplo simples antes de entrar no mercado da música. Para fazermos um biscoito de polvilho, precisamos de alguns ingredientes, como água, sal, açúcar e polvilho. Esses ingredientes são chamados de matéria-prima, pois sem eles o produto biscoito não é constituído.

Na fase de produção do biscoito, o produtor compra a matéria-prima – os ingredientes – e sua equipe mistura e os leva ao forno. Uma vez que é embalado, a produção está concluída e o biscoito já está pronto para a fase seguinte: a distribuição. Essa fase tem como objetivo fazer com que os biscoitos cheguem, com maior facilidade, ao mercado consumidor, através de uma

---

[1] Pessoas físicas e jurídicas que atuam no mercado.

[2] Lei 12.305, de 02 de agosto de 2010.

rede de pessoas ou empresas que compram os biscoitos do produtor e os vendem para os comerciantes. A fase seguinte, a da comercialização, é onde, normalmente, o produto encontra seu destinatário final, o consumidor, que compra o biscoito do comerciante. Essa é a última fase, quando se encerra nosso exemplo de cadeia produtiva (observando sempre a responsabilidade pelo descarte).

Figura 2.1 – Modelo de fases de uma cadeia produtiva

Fonte: Os Autores.

De agora em diante, nosso objetivo é mostrar um modelo que explica quem são os atores e como funcionam as dinâmicas na cadeia produtiva da economia de música. Na verdade, seria melhor falarmos de "cadeias produtivas", que a título didático chamaremos de "núcleos", como, por exemplo, o núcleo de Edições Musicais, o núcleo da Indústria Fonográfica e o núcleo de *shows* e eventos musicais, entre outros.

Esses modelos de cadeia produtiva são utilizados no mundo com pequenas variações e são plenamente aplicados no Brasil. Lembramos que esses foram modelos importados de outros países, que se revelaram inadequados num primeiro momento ao mercado nacional e agora procuram se adaptar às nossas particularidades. Vale a pena constatar que, ainda hoje, no mercado brasileiro, há apenas uma tentativa de organização vinda de esforços isolados, pois parte significante dos atores não visualiza seu verdadeiro papel.

Na figura a seguir podemos ter, como exemplo, uma ideia geral da cadeia produtiva do núcleo da Indústria Fonográfica.

Figura 2.2 – Cadeia produtiva do núcleo da Indústria Fonográfica

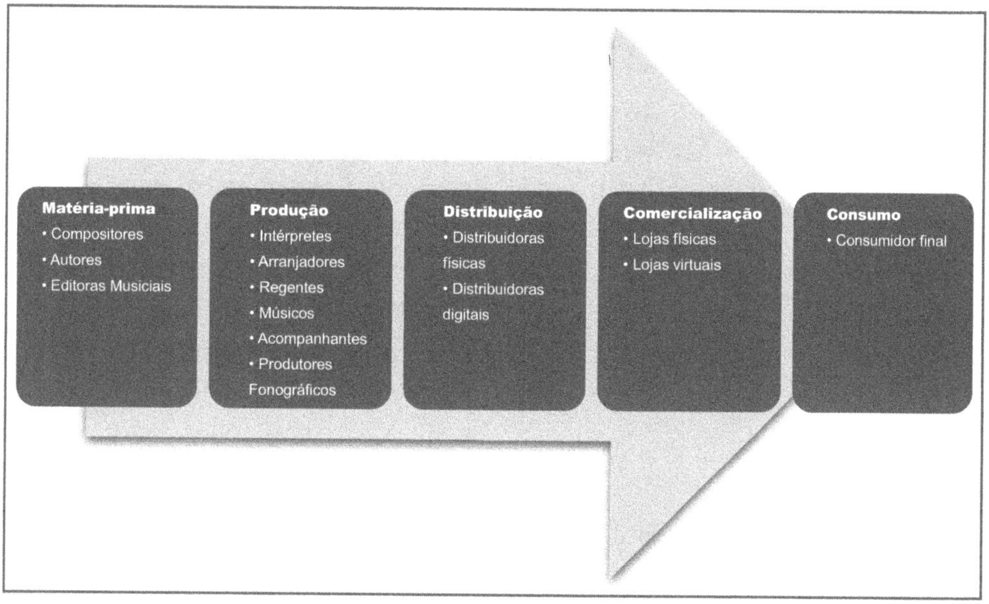

Fonte: Os Autores.

2.1 Algumas considerações iniciais

Em regra, no mercado da música temos definida uma sequência de fases ordenadas, que têm início na pré-produção (planejamento), seguida pela produção, distribuição, promoção, comercialização e finalização no consumo. Parece simples, mas, para entendermos com precisão a dinâmica do mercado, é importante discutirmos alguns pontos relevantes.

2.1.1 Consumidor e Insumidor

O primeiro deles é a diferença entre as figuras de *insumidor* e de *consumidor*. *Insumidor* é quem fornece os elementos necessários para que a atividade do próximo ator na cadeia produtiva seja desenvolvida. Por exemplo, o compositor é insumidor da fase de produção no núcleo da Indústria Fonográfica, pois sua composição será matéria-prima para a fixação de um fonograma, ou, no jargão do mercado, para a gravação de uma música.[3]

---

[3] A maioria das nomenclaturas tecnicamente corretas está definida na Lei de Direitos Autorais (9.610/98) e no Código Civil, e as veremos mais adiante. É bom conhecê-las, pois estarão regularmente dessa forma nos contratos do mercado de música.

Por sua vez, *consumidor* é aquele que adquire, como destinatário final, um determinado produto ou serviço com o objetivo de satisfazer uma necessidade e/ou resolver um problema. Na área da música, normalmente o papel do consumidor era desempenhado, exclusivamente, pelos fãs do artista. Porém, isso deixou de ser uma regra. Há diversos tipos de novos negócios, principalmente os chamados *business-to-business* (B2B),[4] em que não aparece, diretamente, a figura do consumidor-fã. Na verdade, no caso do B2B, não se figura um consumo propriamente dito, uma vez que o material adquirido pela empresa será repassado e colocado à disposição de um consumidor final, como é o caso da programação musical disponibilizada aos passageiros de um avião comercial através de fones de ouvido durante o voo.

2.1.2 Conteúdo e Suporte

O segundo ponto consiste em entender que música é um bem imaterial, intangível, algo que não podemos fisicamente pegar. Daí, surge a necessidade de diferenciarmos *conteúdo* e *suporte (material* ou *imaterial)*.

No contexto musical, o *conteúdo* pode ser representado por duas diferentes categorias. A primeira é a composição, que pode ser apresentada graficamente em uma partitura, onde o papel representa o *suporte material* do *conteúdo* composição e a tela de um computador o *suporte imaterial* da mesma obra. A segunda é a gravação da execução musical de uma composição na forma de um fonograma, que é o resultado da obra interpretada por artistas. O fonograma pode ficar armazenado no *suporte material* (a mídia propriamente dita, como o CD, o DVD,[5] o vinil e o antigo cassete). É algo que podemos pegar, manusear. No caso do CD, o fonograma é o *conteúdo* em formato de dados e a mídia do CD, o *suporte material*. Com o advento das chamadas mídias digitais, o fonograma é transformado em dados intangíveis que ficam armazenados em memória *flash*, *hard disk*, ou mesmo na Internet, os quais desempenham o papel dos chamados *suportes imateriais*.

---

[4]   *Business-to-business* (B2B) são negócios efetuados diretamente entre uma empresa e outra. *Business-to-consumer* (B2C) são negócios realizados entre uma empresa e o consumidor final.

[5]   Consideramos incluídos nessa lista as novas mídias de suporte, como é o caso dos formatos de vídeo de alta definição.

2.1.3 Passando Diretamente ao Assunto

Com o entendimento de todos esses pressupostos e compreendendo que a economia da música possui núcleos de produção distintos que convergem para o mesmo mercado consumidor, iremos analisá-los de forma individualizada. Vamos abordar os principais núcleos: a Indústria Fonográfica e os *shows* e eventos musicais.

Vale ressaltar que muitos atores participam de mais de um núcleo da cadeia produtiva e que muitos acumulam mais de uma função. Isso não representaria um problema se essas funções fossem percebidas pelo ator e desempenhadas com profissionalismo. Porém, infelizmente, não é o que vemos na prática em grande escala.

2.2 Núcleo da Indústria Fonográfica

2.2.1 Fase de pré-produção – matéria-prima

a) **Autor: é o criador da obra musical, da composição.**

A composição e, por consequência, o compositor, são o começo, a pedra fundamental. Seja uma canção ou apenas duas notas ou dois acordes, sem isso não se tem o que executar, nem mesmo improvisar instrumentalmente sobre. Desde o começo dos anos 60, a partir de Lennon & McCartney, o compositor e o artista se confundem, garantindo que só os que têm talento vocal ou instrumental extraordinário não tenham quase que uma obrigação de compor também, e ao compositor nato que não tenha uma voz de "cantor/a" a possibilidade de ser também o artista ao invés de apenas um nome entre parênteses.

Alvin L., compositor

---

b) **Editor ou *Publisher***: é a pessoa física ou jurídica que firma com o autor um contrato de edição ou cessão de direitos autorais, figurando como administrador de suas obras. Com isso, ele participa dos lucros obtidos com a utilização comercial da composição.

2.2.2 Fase de produção

a) Produtor fonográfico

É quem toma a iniciativa e custeia a produção fonográfica como um todo. Normalmente, será o "dono" do fonograma. Chama-se comumente de "gravadora" ou "selo".

> Em minha opinião, o principal papel de uma gravadora é descobrir, mostrar ao mundo e proteger o artista e sua arte; e o grande desafio é como fazer isso sem perder de vista o fato de que uma empresa dever ser lucrativa.
>
> *Sérgio Affonso Fernandes*, CEO – Warner Music Brasil

b) Intérprete

É a pessoa que interpreta uma determinada composição. Por força de costume, no mercado é também chamado de "artista". É comum as pessoas acharem que o artista é sempre um cantor ou vocalista. Porém, devemos ter o cuidado de perceber que o artista é aquele que faz a interpretação principal. É o nome dele que fica em evidência. O artista pode ser um grupo, como The Rolling Stones, ou um artista solo como Stanley Jordan. Ele pode ser um cantor, como é o caso de Madonna, ou um instrumentista, como é o caso de Miles Davis.

> Não há como explicar a criação do que chamamos "arte", o que sei é que o artista é a antena e o transmissor, a chave da sua cadeia interior, preste atenção quando ele bater à sua porta, derrubar sua porta, destruir seu castelo, você será outro, melhor, e livre de qualquer opressão... por pelo menos alguns segundos...
>
> *Dado Villa-Lobos*, artista.

c) Músico acompanhante

É aquele que também faz uma interpretação ou execução por meio de instrumentos musicais ou de sua voz, mas não é o artista, como diz o jargão do mercado. Através de sua atuação, o músico acompanhante contribui para o brilho da interpretação do artista.

A Cadeia Produtiva da Música · 23

Para pessoas, músicos e afins:

Ter um bom cantor, como maestro, patrão ou astro maior, é uma satisfação grande, ainda mais se essa estrela brilhar intensamente, não só no Brasil como em todo o mundo.

Por experiência própria, faço esse trabalho boa parte da minha existência e já me apresentei com dois reis legítimos da cultura brasileira: Luiz Gonzaga (Rei do Baião) e Tim Maia (Rei do Soul Music). Continuo fazendo a função de *Side Man* do cantor de timbre cristalino (indefectível: Luiz Melodia, e tenho muito prazer nisso, me sentindo seguro quando estamos juntos no palco, pois conheço todo o repertório do artista, além de que algumas músicas são nossas: *"Cara a cara", "Esse filme eu já vi", "Morena da novela", "Cura", "Cuidando de você"*, entre outras).

Na minha opinião, para desenvolver com excelência essa função, é necessário:

1) Gostar de Música sobre todas as coisas.

2) Sem xenofobismo conhecer profundamente a música do seu país.

3) Existir uma verdadeira simbiose entre cantor e instrumentista.

Renato Piau, instrumentista, compositor, cantor
e fundador do Selo Guitarra Brasileira.

d) Produtor musical

O mais importante em uma produção fonográfica é que o artista efetue uma interpretação rica em sentimento. Dessa forma, o ouvinte conseguirá assimilar a emoção do artista na sua essência. É importante perceber que a conexão artista-ouvinte se dá a nível sensorial. É esse conteúdo puramente sensorial que vai ser registrado no fonograma. Sem ele, a música é "vazia".

Justamente atuando de forma a atingir esse resultado, o trabalho do produtor musical se revela muito mais complexo do que parece, pois sua tarefa principal é interferir, de forma positiva, nessa interpretação do artista e dos músicos. Isso só pode ser alcançado se o produtor tiver certas qualidades, dentre as quais a sensibilidade que irá fazer com que entre em sintonia com as emoções do artista.

Para que seja possível colaborar com a melhor interpretação, no momento da gravação, o artista deve estar inserido em um ambiente que lhe permita uma performance espontânea e livre de barreiras que possam lhe inibir a emoção. Esse é o trabalho principal do produtor musical.

Mas antes de chegar a esse ponto, no caso de artistas solo, a base musical que dará suporte à interpretação do artista deve estar em sintonia com a emoção que ele busca. Para isso, o produtor musical tem o dever de coordenar e supervisionar a escolha de repertório, músicos, arranjadores, técnicos e estúdios compatíveis com o sentimento almejado pelo artista.

e) Arranjador

É, na maioria das vezes, um músico com grandes conhecimentos técnico-musicais que elabora a maneira como os artistas e músicos executam seus respectivos instrumentos musicais ou vocais.

Seu trabalho segue as diretrizes do produtor musical e do próprio artista. Assim, o arranjador arquiteta e, muitas vezes, também rege a interpretação e interação dos executantes da composição. Também opina sobre aspectos importantes, como o andamento, o compasso, o tom, a dinâmica, entre outros. Para isso, desenvolve os arranjos em uma partitura, que é a escrita musical.

Bem, vou falar aqui de uma forma bem resumida, um *overview* da situação que eu "me ponho" como arranjador.

Primeiro, eu visualizo o perfil do artista e do produtor.

Segundo, vejo para qual público aquele projeto se direciona.

O arranjador é como um arquiteto de interiores, ele decora e dá uma identidade pra música. É como fazer uma composição em cima de outra composição. Você pode deixar a música *Parabéns pra você* triste, alegre, engraçada, erudita, jazzística ou terrivelmente ruim e inaudível.

O arranjador é o profissional responsável pela vestimenta da obra. Metaforicamente falando, é como se essa obra fosse uma pessoa que estivesse saindo de casa e precisasse se vestir a caráter. Provavelmente a pergunta do estilista (arranjador) seria : "Qual o evento que você está indo?" Essa pergunta normalmente é respondida pelo artista ou pelo produtor.

Daí vem as percussões, ruídos, cordas, sanfonas, sopros, solos, distorções...

Chico Chagas, acordeonista, tecladista, compositor e arranjador.

f) Produtor executivo

Supervisiona a parte administrativa da produção fonográfica por delegação do produtor fonográfico. Atua em conjunto com o produtor musical para agendar horários em estúdio, organizar o transporte, hospedagem e alimentação dos envolvidos na produção dos fonogramas e elaborar a ficha técnica deles, entre outras tarefas de natureza operacional.

g) Empresário

Conhecido no mercado internacional pela palavra inglesa *manager*, o termo *empresário* designa a pessoa responsável por elaborar, administrar e colocar em prática o planejamento de carreira do artista, em parceria com este. Essa é a verdadeira função do empresário.

No Brasil, é comum o empresário acumular funções de investidor e de vendedor de *shows* (agente), entre outras que não são suas atribuições originais. Com o passar do tempo, essa situação propiciou a criação de uma visão distorcida do papel do empresário.

Acho que o papel principal de empresário no mercado musical é entender o trabalho artístico e conceituá-lo para melhor inserção no mercado.

Apoiar na criação e desenvolvimento da obra para depois inseri-la no mercado.

E, finalmente, monetizar a obra de arte, fazer negócios a partir da obra acabada.

José Fortes, empresário e produtor musical.

h) Fornecedores de serviço da fase de produção

Na fase de produção são necessários serviços de suporte para que o produto fonográfico seja finalizado. Os estúdios de ensaio, gravação e masterização contribuem na produção do fonograma. *Designers* e fotógrafos colaboram com a criação do conceito visual do artista e de seus produtos, como o encarte do CD e DVD, a logomarca, entre outros. Diretores, roteiristas e *videomakers* são responsáveis pela produção de videoclipes e material de vídeo em geral. *Webdesigners* desenvolvem o *site* do artista e todo o material de Internet relacionado. Essa lista de prestadores de serviços é cada vez maior e mais complexa.

Convém reforçar a importância que cada um deles exerce no resultado final do produto fonográfico. Portanto, é fundamental escolher os prestadores de serviço de maneira criteriosa, a fim de serem evitados quaisquer prejuízos, sejam financeiros, de tempo, de imagem, entre outros.

2.2.3 Fase de Distribuição

a) Distribuidoras

São empresas cuja atividade é fazer com que o produto fonográfico conquiste novos mercados.

O distribuidor mantém um cadastro com diversos comerciantes, para quem sua equipe de vendas oferece um catálogo dos CDs e DVDs do produtor fonográfico representado.

A distribuição pode ser realizada tanto fisicamente, como no caso de CDs e DVDs, quanto de forma digital, através da Internet ou da rede de telefonia móvel. Em outras palavras, o distribuidor tem o produto em seu estoque (no caso de CDs e DVDs) ou armazenado em seu *hardware* (MP3 e similares).

O distribuidor costuma firmar contratos de fabricação com indústrias de CDs e DVDs para facilitar a renovação e comercialização do estoque. Atualmente, percebendo uma oportunidade de negócios, algumas dessas fábricas têm acumulado a função de distribuidoras.

Devemos notar que a distribuição tem três características básicas:

- a obrigação de promover a realização de negócios predeterminados;
- a exclusividade de produto(s) ou serviço(s);
- a exclusividade de território.

Tanto por parte do criador como por parte do consumidor, estamos vivendo um momento de total transformação e percepção do mercado da música. O consumo deixa de ser realizado como se fosse um produto (à la carte) e passa a ser um *business* de acesso (assinatura). O engajamento por parte do artista é determinante para que sua música seja ouvida. A independência agora é a interdependência. Nenhum canal de informação pode estar isolado, pois todos fazem parte de um ambiente de vários canais onde todos são interlaçados. Os distribuidores digitais e/ou agregadores digitais são agentes importantes na cadeia de valor da indústria da música, mas não têm relevância alguma se o conteúdo não for relevante, pois vale mais ter uma boa canção do que 100 músicas. O *business* da música ainda depende da boa canção e da boa música.

Felippe Llerena, fundador do iMusica,
CEO do ventureBr – aceleradora de negócios digitais

2.2.4 Fase de comercialização

Na ponta da cadeia produtiva, se encontra a fase de comercialização, quando o produto chega, efetivamente, ao consumidor final. A comercialização se dá de forma física ou digital. Os formatos físicos mais comuns para consumo são os CDs e DVDs, enquanto os digitais são o mp3 e o aac.

No Brasil, a comercialização dos formatos físicos ainda é a primeira opção para os consumidores, representando cerca de 84%.[6] No mundo, as receitas das gravadoras através do formato digital já ultrapassaram em 2011 os 29%[7] de seu total de vendas, sendo realizadas através de um número crescente de lojas virtuais regularmente licenciadas. Também crescem rapidamente serviços de música por assinatura,[8] que é a disponibilização do catálogo mediante uma anuidade ou mensalidade.

No tradicional mercado B2C existia apenas a figura do consumidor-fã, que representa apenas uma possibilidade de vendas. Já a comercialização B2B vem chamando a atenção dos produtores fonográficos por se tratar de uma opção de negócios de enorme potencial. Isso ocorre pelo fato de que a música também é utilizada, como insumo, por vários outros setores de atividade, como é o caso de academias de ginástica, hotéis, restaurantes, empresas de transportes, entre outros. O B2B caracteriza-se por não depender apenas de um consumo isolado, pontual. É um mercado de múltiplas possibilidades e, consequentemente, multifacetado.

As Grandes Gravadoras

Desde a invenção do fonógrafo por Thomas Edison, determinadas empresas vêm trabalhando na construção de um catálogo de fonogramas. Muitas delas se juntaram, mudaram de nomes e ampliaram seus negócios dentro do mercado mundial.

Começaram apenas como produtoras fonográficas e, atualmente, atuam em edições musicais, distribuição e agenciamento de artistas. Isso as tornou verdadeiras gigantes multinacionais, com filiais em quase todos os países. Antes de 2012, conhecidas como as "Big Four" (ou quatro gigantes). Eram elas: Universal Music Group, Sony Music Entertainment, Warner Music Group e EMI. Com a aquisição de grande parte do catálogo da EMI

---

[6] ABPD. Mercado Brasileiro de Música 2011, p. 3-4.

[7] IFPI Digital Music Report 2011, p. 5.

[8] Rdio, Spotify e Pandora, entre outras.

pela Universal Music Group, atualmente são as "Big Three": Universal Music Group, Sony Music Entertainment e Warner Music Group.

Dispondo desste gigante catálogo de fonogramas, as majors (como são conhecidas no mercado) possuem um vasto quadro de funcionários para realizar suas atividades. A estrutura desstas gravadoras é complexa, o que se reflete em seu organograma. Há o presidente, que, seguindo as orientações da gravadora-matriz, coordena as funções delegadas a diversos vice-presidentes e diretores. As diretorias se dividem em setores, como Artistas e Repertório (A&R), Marketing, Promoção, Vendas, Jurídico, Financeiro, Novos Negócios, Marketing Especial, etc. Cada diretor possui uma função bem definida e constitui seus próprios subordinados, tais como gerentes e assistentes.

Além dessa organização, as majors também são investidoras das carreiras dos a Artistas, custeando sua produção fonográfica e promoção.

2.2.5 E a promoção?

Essa atividade contínua tem o objetivo de promover o produto fonográfico, ou seja, dar a ele maior visibilidade através de sua divulgação. Existem diferentes meios de promoção. Os mais utilizados no mercado musical são as rádios físicas, canais de TV abertos e a cabo, imprensa escrita e mídia publicitária, como *outdoors*, *busdoors*, *flyers* e lambe-lambes (cartazes colados em muros).

A Internet propiciou uma nova dimensão para a comunicação, pela sua interatividade, velocidade e alcance. A procura por informações e por entretenimento aumentou significativamente em razão da fartura de conteúdo e da facilidade de acesso à rede. Tornou-se um hábito de muitas pessoas participar, dinamicamente, do processo de produção de conteúdo. Atualmente, com a entrada no mercado de provedores de música através de *streaming*, diversos novos canais de divulgação se tornaram acessíveis aos produtores fonográficos.

Dessa forma, a Internet se consolidou como uma alternativa aos meios de comunicação tradicionais. Apesar do crescimento do número de internautas no Brasil, hoje estimado em 83 milhões,[9] a Internet ainda não pode ser considerada uma opção a ser utilizada de forma exclusiva. Possivelmente, com a disseminação das novas tecnologias de telecomunicação e infraestrutura, espera-se um aumento expressivo no número de usuários.

---

[9] Fonte: Ibope Nielsen Online.

Muitos artistas independentes e produtores fonográficos não levam em conta a importância da promoção, investindo a maior parte dos recursos financeiros na produção fonográfica, a fim de obterem um produto de alta qualidade técnica e sonoridade condizentes com os padrões do mercado.

Entretanto, é necessário um equilíbrio no planejamento da utilização dos recursos financeiros, tanto na qualidade do produto quanto no investimento em promoção. Uma coisa não pode ser usada em prejuízo da outra.

Em outras palavras, é muito comum um artista investir todo o seu dinheiro disponível para a gravação de suas músicas e, consequentemente, não ter como divulgar o trabalho gravado. De que adianta ter um CD com excelente conteúdo musical sem poder mostrá-lo para ninguém? *Sad but true...*[10]

Então vamos listar alguns atores da área de promoção.

a) **Profissional de marketing**

É o profissional responsável por analisar o mercado, de forma detalhada, identificar oportunidades lucrativas de negócio e desenvolver estratégias e táticas com o intuito de operacionalizar e aproveitar, de maneira sustentável e crescente, no curto, médio e longo prazo essas oportunidades.

b) **Relações Públicas**

É um profissional que tem a função de criar, manter e proteger a imagem pública de uma empresa ou de seus produtos e serviços. No mercado da música, muitas vezes, essa função é acumulada e desempenhada pelo empresário (*manager*) despercebidamente.

Relações Públicas são exercício de cidadania corporativa e consciência das responsabilidades públicas. Braço, dentro de uma empresa, que ativa as conexões entre a organização e a sociedade com a finalidade de conciliar, ou tornar menos conflitantes, os interesses privado e público. Mas a autêntica atividade de RP – e por isso mesmo a mais propensa ao sucesso – não é aquela motivada com o mero intuito de promover opinião pública favorável e consequente conversão em vendas. É, sim, aquela que se desenvolve a partir do real entendimento de que uma empresa é parte da solução dos problemas coletivos e da construção do mundo que está por vir.

---

[10] Tradução: triste, mas verdadeiro. Citação da obra *Sad but true*, de autoria de James Hetfield e Lars Ulrich e famosa gravação da banda americana Metallica.

É aquela que resulta em comportamento crível que coincide com os fundamentos da marca corporativa e com a razão de ser da corporação. É aquela que, no fim das contas, consegue estabelecer relações genuínas e de benefício mútuo entre organizações e pessoas e que, portanto, exerce papel construtivo e relevante num mundo cada vez mais comoditizado e indiferente. Especialmente em tempos de "modernidade líquida" (Zygmunt Bauman).

Luciana Peluso, jornalista especializada em comunicação corporativa.

c) Assessor de Imprensa

É a pessoa encarregada do relacionamento com a mídia impressa, eletrônica[11] e *online*, além das chamadas mídias sociais. Esse relacionamento é efetuado seguindo as diretrizes dos profissionais de marketing e Relações Públicas e deve ser feito em sintonia com o planejamento estratégico de comunicação.

Espera-se, de antemão, que o assessor de imprensa tenha facilidade de acesso e influência junto às empresas de comunicação, fazendo com que a mídia seja alcançada de forma "não paga".

Devido à forte influência da mídia de rádio e televisão no mercado da música, existe, em muitos casos, uma subdivisão na função de Assessoria de Imprensa, ficando esta apenas com a mídia impressa e *online*. Atualmente, através do grande alcance de novas plataformas e aplicativos, também é bastante comum um profissional cuidar especificamente das mídias sociais.

d) Assessor de Televisão

É quem desempenha o papel do Assessor de Imprensa junto aos canais de Televisão aberta e fechada. Sua função é possibilitar a apresentação do artista em programas televisivos, além de negociar a inclusão de videoclipes em sua programação.

e) Assessor de Rádio

É o encarregado de "facilitar" a veiculação de fonogramas junto às emissoras de rádio tradicionais e de Internet. Por "facilitar" entende-se a negociação de promoções e o pagamento da verba promocional. Essa verba, que se conhecia como *jabá*, é um valor determinado pela emissora de rádio para que o fonograma seja efetivamente veiculado em sua programação, sendo

---

[11] Rádio e TV.

uma prática frequente nas rádios das grandes capitais. Hoje, há uma formalização dessa verba como publicidade, contando com emissão de notas fiscais de serviços, os quais incluem, além da execução da música, a inserção de chamadas comercias. Também é comum a permuta de premiação, onde a gravadora disponibiliza prêmios aos ouvintes através de concursos e promoções relacionados com a música e/ou artista divulgados. É importante ressaltar que determinados concursos e promoções desse tipo devem ser previamente registrados em entidades, tais como a Caixa Econômica Federal e outras, sob pena de elevadas multas.

Para o planejamento da verba usada em promoção de rádios, é importante levar em conta o fato de que as rádios do interior costumam seguir a programação das diferentes rádios das grandes capitais, fazendo da sua programação, muitas vezes, uma verdadeira "salada" de estilos musicais.

f) Agência de Publicidade

É uma empresa que cria o material de divulgação e seleciona os meios de comunicação mais eficazes para essa divulgação, seguindo as diretrizes do profissional de marketing.

2.3 Núcleo de *shows* e eventos musicais

2.3.1 Fase de pré-produção

Da mesma forma que a indústria fonográfica, o núcleo de *shows* tem como insumo a composição musical, havendo a atuação do autor e do editor como no núcleo de produção fonográfica. No entanto, há uma particularidade nesse núcleo, pois como veremos no Capítulo 3, os autores, editoras, artistas, músicos acompanhantes e gravadoras podem se associar e formar entidades para representá-los coletivamente no mercado. Sendo assim, essas associações são as que, regularmente, arrecadam e distribuem os pagamentos dos direitos sobre as músicas executadas em *shows* e eventos musicais em geral.

2.3.2 Fase de produção

Essa fase se caracteriza pela produção do *show*. É criado um modelo que será repetido em todos os *shows,* contendo o mesmo cenário, iluminação, repertório e figurino. Muitas vezes, até o mesmo discurso com o público.

Nessa etapa, não se encontra a figura do produtor fonográfico, mas existem diversos pontos de contato com o núcleo da indústria fonográfica, como o artista, os músicos acompanhantes, o arranjador, o produtor musical, o empresário e alguns fornecedores de serviço.

Para que o *show* possa ser produzido e, posteriormente, se tornar objeto de uma turnê,[12] é necessária a atuação de outros profissionais. São eles:

a) Diretor de produção:

É quem cria, planeja e dirige a dinâmica do *show* e tem como objetivo proporcionar ao público um espetáculo inesquecível.

A criação abrange duração, repertório, sequência das músicas executadas, cenário, iluminação, figurino, efeitos especiais etc. Toda a criação é realizada em conjunto com o artista e/ou seu empresário, com o objetivo de reforçar sua proposta atual de trabalho. É importante levar em consideração os desdobramentos desse trabalho na construção e manutenção da imagem do artista a médio e longo prazo.

O planejamento está ligado à escolha de toda a equipe de profissionais para desempenhar as funções necessárias para a concretização do *show,* como músicos, dançarinos, cenógrafos, coreógrafos, figurinistas, iluminadores, técnicos de som, diretores de palco, *road managers, roadies,* entre outros.

Já a direção está ligada ao esforço contínuo de fazer com que todos os membros da equipe trabalhem de forma harmoniosa, segundo as intenções predeterminadas.

b) Fornecedores de serviço da fase de produção do show:

Um *show* precisa estar pronto para passar para a próxima fase da cadeia produtiva, que é a distribuição. Para tanto, ele deve passar por três etapas: planejamento, montagem e ensaio, onde atuarão diversos profissionais,[13] a exemplo do quadro abaixo, onde não há ordem hierárquica.

---

[12] Do inglês *tour* e do francês *tournée*: viagem, jornada.

[13] A maioria dos profissionais citados é auxiliada por assistentes de sua confiança.

Profissional	Função
Cenógrafo	Projetar e executar o projeto de cenografia do *show* e o mapa de palco.[14]
Iluminador	Projeta e executa o projeto de iluminação do *show*.
Figurinista	Cria o figurino do artista, músicos e dançarinos do *show*.
Técnico de PA	Opera o som que é direcionado ao público. Também elabora o *rider*[15] técnico e o *input list*.[16]
Técnico de Monitor	Opera o som que é direcionado para o palco.
Coreógrafo	Elabora a coreografia e a dinâmica da dança no palco.
Diretor de Palco	Controla a entrada e saída de pessoas e equipamentos no palco, antes, durante e depois do *show*.
Dançarinos	Executam a coreografia.
Road Manager[17] (Produtor Executivo ou Produtor de Estrada)	Administra a infraestrutura de transporte, hospedagem e alimentação de toda a equipe; verifica o cumprimento dos pagamentos; certifica que as exigências técnicas estão sendo respeitadas, entre outras funções relacionadas.
Roadie[18]	Monta o equipamento dos artistas e músicos e dá suporte durante a apresentação.

Obs.: dependendo da estrutura, complexidade e tecnologia utilizadas no *show*, outros profissionais podem se fazer necessários.

---

[14] Consiste em uma planta com o posicionamento de pessoas e equipamentos.

[15] *Rider*: é um mapa individualizado das conexões do equipamento de som usado pelo artista e músicos no palco.

[16] *Input list*: é uma lista que descreve os equipamentos conectados a cada canal da mesa de som.

[17] Dependendo do tamanho e duração da turnê, existirão diferentes hierarquias de *road manager*, variando de júnior a sênior.

[18] Muitos artistas e músicos possuem técnicos para apoio exclusivo durante o *show*, que são conhecidos como *"technicians"* ou *"techs"*. Assim, o guitarrista tem o *guitar tech*, o baterista, o *drum tech* etc.

2.3.3 Fase de distribuição

a) Agentes de *show***:**

O agente de *show* tem uma atuação muito similar à do distribuidor no núcleo de produção fonográfica, que é a conquista de novos mercados para o artista, diferenciando-se apenas no que é oferecido. Enquanto o agente oferece um serviço, o distribuidor oferece um produto.

É o responsável pelas vendas de *shows* aos comerciantes, conhecidos como "contratantes" no mercado musical. Sua atuação depende de sua rede de relacionamentos com esses contratantes. Vale relembrar que a função do agente não se confunde com a do empresário.

Para desempenhar suas funções, é essencial que o agente de *show* possua o material de divulgação do artista, conhecido como *kit* de imprensa ou *press kit*. Basicamente, inclui fotos de divulgação, *press release*,[19] CD ou DVD com conteúdo do artista e logomarcas em alta resolução. Nessa era digital, é comum se referir apenas a EPK (*electronic press kit*), que pode ser disponibilizado através da Internet. Cabe ao agente disponibilizar outros elementos que possam diferenciar o artista de seus concorrentes. Além do *kit* de imprensa, o agente precisa ter o *rider, input list,* mapa de palco e minutas de contrato, para poder oferecer o *show* aos contratantes em potencial.

É comum o agente ter a exclusividade de representação de um ou mais artistas, mas isso exige investimento em infraestrutura e equipe, cabendo ao artista analisar esses fatores antes de firmar qualquer compromisso. No entanto, essa exclusividade costuma não ser obrigatória em relação ao agente, que, não raro, representa vários artistas, os quais, a princípio, não devem ser concorrentes entre si.

Como já mencionado antes, o agenciamento pode existir em relação a apenas um determinado território. Isso é bastante comum no mercado musical, principalmente em relação a grandes artistas, cujos empresários escolhem o melhor agente para cada região, otimizando as vendas.

---

[19] Texto promocional contendo uma síntese do trabalho do artista.

2.3.4   Fase de promoção

Somado ao que foi dito no núcleo de Indústria Fonográfica, há uma peculiaridade em relação à promoção feita no núcleo de *shows*: muitas vezes, o contratante de *shows* é dono de uma casa de espetáculos (comumente chamada por sua designação em inglês: *venue*). Por causa disso, esse tipo de contratante já costuma possuir uma divulgação própria contendo a programação da casa de espetáculos. Quando o artista chega à cidade onde ocorrerá sua apresentação, já há uma programação de divulgação feita pelo contratante em comum acordo com o empresário, que envolve desde entrevistas à imprensa até apresentação em programas locais de TV, o que amplia regionalmente a imagem do artista.

Outro aspecto interessante é a promoção feita em parceria com as rádios. A emissora "investe" no artista através da veiculação de sua música na programação. Em troca, o artista faz apresentações gratuitas nos eventos daquela emissora, sendo o maior exemplo as festas de aniversário das rádios. Vale notar que os eventos não costumam ser gratuitos e a venda de ingressos acaba tornando-se faturamento exclusivo da emissora.

2.3.5   Fase de comercialização

A comercialização do *show* ocorre no momento em que o contratante assina o contrato com o agente do artista. As variações da comercialização serão aprofundadas mais adiante, em um capítulo próprio, e frequentemente incluem a gravação e veiculação do *show* em TV, Internet e outras mídias digitais.

Nesse momento, é apropriado dizer que a comercialização de *shows* no Brasil ainda é feita de forma dispersa, isto é, não costuma haver um planejamento de vendas no formato de turnê. O que se vê na prática é o agente fechar um *show* em uma ponta do país e outro, para dois dias depois, na outra ponta. Não há, na cadeia produtiva, uma integração plena para que o esforço de deslocamento seja menor, como nas turnês planejadas, o que reduziria os custos de transporte e aumentaria a venda de *shows*.

Caso interessante é o que ocorre na Europa e Estados Unidos, onde artistas de médio porte, já conhecidos regionalmente, vendem, em suas turnês, o espaço para abertura de *shows* para bandas iniciantes. Normalmente isso se dá sem fim lucrativo direto, mas com o objetivo de auxiliar o pagamento dos custos operacionais da turnê, como transporte, alimentação, hospedagem e equipamento.

Pode-se concluir, portanto, que o mercado de *shows* no Brasil é, em sua maioria, varejista, sendo comercializado apenas um *show* por contrato. Em outros mercados, como o americano e asiático, vê-se uma estrutura atacadista. Isto é, vários *shows* de um mesmo artista são vendidos a *grupos de entretenimento,* para serem executados sequencialmente em cada uma das *venues* desses grupos, muitas vezes até em nível internacional.

3

Aspectos Legais

"Hoje você é quem manda.
Falou, tá falado, não tem discussão, não."

(*Apesar de você*, Chico Buarque)

A convivência em sociedade necessita de certas regras a fim de se evitar o risco de um conflito. Essas regras permitem à sociedade um modo pacífico de convivência. Em caso de infração às normas, há uma penalidade.

Este capítulo não tem o objetivo de aprofundar o estudo da legislação ou do Direito, mas sim de orientar quem deseja trabalhar no *Music Business*, de forma que conheça e aja de acordo com as normas, não desrespeitando o direito alheio. Na verdade, esse conhecimento é certamente uma porta aberta para a criatividade.

Esse breve estudo será distribuído em quatro áreas diferentes: Direito Autoral e Conexo, Direitos da Personalidade, Direito Marcário (sobre as marcas) e as Formas de Associação para a atuação em conjunto na cadeia produtiva da música.[1] Porém, antes de nos aprofundarmos nessas três áreas, precisamos conhecer alguns conceitos de suma importância.

O primeiro ponto importante a conhecermos é noção de *patrimônio*, que é o conjunto de bens, direitos e deveres de uma pessoa física ou jurídica. Esse

---

[1] Não foi colocado um nome específico pois se trata de um conjunto de ramificações diferentes do Direito, mas guardando significativa relação com o Direito Empresarial e Societário.

patrimônio pode ser positivo, caso a pessoa possua mais bens e direitos do que deveres, ou negativo, no caso inverso.

Figura 3.1 – Conceito de patrimônio

Fonte: Os Autores.

Bens podem ser móveis, como um pandeiro, ou imóveis, como um terreno. Direitos e deveres podem ser de várias espécies, tendo sua fonte na lei ou em negócios jurídicos (sendo destes o contrato sua forma mais comum).

Alguns exemplos de direitos originados da lei são o direito à expressão artística, à liberdade de expressão, à liberdade de associação, entre muitos outros. A lei também estipula deveres, como, por exemplo, o de solicitar a autorização judicial para ingresso e permanência de menores em casas de *shows*.

Para exemplificar um direito originado em um negócio jurídico, pode-se citar o contrato de *show*,[2] que dá ao artista o direito de receber seu cachê. Ao mesmo tempo, esse contrato impõe ao artista o dever de realizar sua performance. É importante frisar que os contratos podem ser realizados de forma verbal, quando suas cláusulas estão no texto da lei.[3] A formalidade do contrato escrito é exigida apenas em alguns casos, mas por questões evidentes de segurança jurídica é a maneira mais indicada para se firmar um acordo.

Entre os direitos que integram o patrimônio de uma pessoa, muito nos interessa o direito de propriedade. Diz-se que o "proprietário tem a faculda-

---

[2] A nomenclatura tecnicamente correta é contrato de prestação de serviços de execução musical.

[3] Os contratos previstos na lei são conhecidos como contratos típicos, como, por exemplo, o contrato de prestação de serviços e o de edição.

de de usar, gozar e dispor da coisa,[4] e o direito de reavê-la do poder de quem quer que injustamente a possua ou detenha". Além disso, o proprietário tem o direito sobre os frutos de sua propriedade, ou seja, sobre o que ela, por si só, pode produzir.[5]

O esclarecimento sobre o patrimônio é de fundamental importância neste livro, pois no contexto do mercado de música, a marca constitui grande parte do patrimônio de uma pessoa, assim como o acervo de obras de um compositor. Agora, vamos detalhar os ramos do Direito que influenciam diretamente e decisivamente a atuação no mercado da música.

3.1 Direito de Autor e Conexo

A Constituição Federal é a lei maior de nosso país, estando no topo da pirâmide de hierarquia das normas.[6] Nela, está prevista a proteção ao Direito do Autor – no inciso XXVII de seu longo art. 5º –, dando a este os direitos exclusivos sobre sua obra. Dessa forma, a Lei brasileira quis assegurar a máxima proteção a esses direitos.

Figura 3.2 – Pirâmide da hierarquia das normas

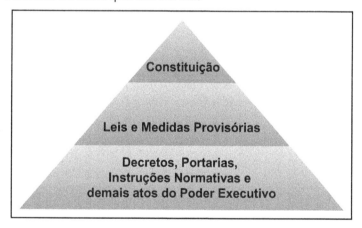

Fonte: Os Autores.

---

[4] A palavra *coisa* tem sua origem no termo em latim *res*, de onde surgiu no Direito o ramo dos Direitos Reais, isto é, do direito sobre as coisas.

[5] Uma árvore pode gerar frutas. Uma aplicação em caderneta de poupança pode gerar rendimentos.

[6] Construção doutrinária do jurista austríaco Hans Kelsen em sua obra *Teoria pura do Direito*.

Além da previsão constitucional, esse direito é regulado em nosso país pela Lei 9.610, de 19 de fevereiro de 1998, também conhecida como Lei dos Direitos Autorais (LDA). Diversos tratados internacionais também regulam essa matéria, como a Convenção de Berna sobre Direitos Autorais, publicada no final do século XIX, e da qual o Brasil é signatário.

3.1.1 Obras protegidas

O Direito de Autor protege as obras literárias e artísticas criadas pelo ser humano, como textos literários, obras dramáticas, obras coreográficas, composições musicais, obras audiovisuais, fotográficas, desenhos, pinturas e gravuras, entre outras indicadas no art. 7º da LDA. No entanto, para que se efetive a proteção, a obra precisa sair do íntimo do criador, do plano mental de criação. Mais precisamente, a obra protegida é a criação do ser humano *exteriorizada*.

Uma obra literária pode ser exteriorizada mediante uma simples recitação oral, tanto quanto uma obra musical pode ser exteriorizada através de uma performance em uma sala de audição. Como vimos no Capítulo 1 deste livro, a obra não é o suporte que a veicula, mas a manifestação da criação através dele. Nas palavras do Prof. Ascenção, "a obra musical não é a partitura musical: por isso não se perde, se se destruírem todos os exemplares".

Existem, contudo, as obras que não são protegidas pela LDA, como as puras ideias, os processos, conceitos, formulários e textos de lei.[7] Discute-se também a necessidade de caráter estético da obra para que seja objeto de proteção. Entendemos que qualquer obra literária ou considerada objetivamente como uma modalidade das artes (exemplo: pintura) é por si suficiente para ganhar a referida proteção.

Vale lembrar que o registro da obra não confere proteção. No Brasil, o registro da obra não é obrigatório, servindo apenas como um dos meios de se provar sua autoria.[8] Porém, é extremamente recomendável que o autor registre sua obra, para ter uma evidência oficial da anterioridade de sua criação no caso de um conflito de autoria. Para isso, deve buscar informações sobre qual é o órgão público competente para o registro em seu Estado. No Rio de

---

[7] Art. 8º LDA.

[8] Art. 18, LDA.

Janeiro, as obras musicais ou lítero-musicais[9] são registradas na Escola de Música da Universidade Federal do Rio de Janeiro (UFRJ). Já as obras literárias, na Fundação Biblioteca Nacional (FBN).

3.1.2 O autor

O autor é aquele que cria a obra.[10] Deve ser pessoa física, pois o Ordenamento Jurídico Brasileiro não admite a autoria de pessoa jurídica. Igualmente, o autor deve ser identificado, seja através de seu nome, seu pseudônimo ou de qualquer outro sinal que ele venha a adotar – como no caso emblemático do americano *Prince*, que chegou a adotar, durante cerca de dez anos de sua carreira, apenas um símbolo para sua identificação.

Não é considerado autor quem tenha apenas colaborado na produção da obra, como é o caso de um assistente de compositor, que auxilia com seus instrumentos e organiza os textos produzidos. Conforme Bittar, o autor cria e os demais "auxiliam na criação ou na produção ou, ainda, na difusão da obra intelectual", isto é, participam da passagem da obra do plano abstrato, da mera exteriorização, para o concreto. Dessa forma, nascem os fonogramas e os *shows*.

3.1.3 As modalidades de obras

A obra vem ao mundo de diversas formas. Nesse sentido, foram estabelecidos critérios para diferenciar as obras entre si, com o intuito de serem observados todos os seus ângulos de proteção e titularidade.

Existem as obras originárias e as derivadas. Originárias são aquelas que surgem sem nenhum vínculo com outra existente, como uma nova composição musical. As derivadas, como uma tradução de uma música, têm origem em uma obra preexistente e sua utilização depende da autorização do autor original.

As obras podem ser feitas individualmente ou em conjunto. As formas de criação conjunta mais comuns são a coautoria e a obra coletiva.

A obra em coautoria é criada por dois ou mais autores em parceria e por

---

[9] Composições musicais com letra.

[10] Art. 11, LDA.

iniciativa própria, como muito fizeram John Lennon e Paul McCartney. A obra feita em coautoria é muito comum e, por isso, é importante saber que existe na LDA apenas um critério legal para se fixar a participação de cada coautor na obra,[11] obedecendo ao chamado *princípio da igualdade*, isto é, cabe a cada autor igual direito. Entretanto, os coautores podem estipular participações diferentes.

Muitas parcerias surgem no mercado e sua continuidade somente é possível se os coautores estabelecerem, com bom-senso, regras para a divisão de suas participações. Na obra lítero-musical, é comum a divisão por igual entre autor da parte musical e autor da letra. Os conflitos, normalmente, se dão quando surgem novos coautores em obras já iniciadas, tornando muito subjetivo o critério de que uma pequena participação fez grande diferença na obra finalizada. Sugerimos que sejam sempre estabelecidos, previamente, critérios de divisão, com o intuito de minimizar futuros desentendimentos.

A obra coletiva é diferente. Um dos melhores exemplos é o jornal. Nele, há a livre-iniciativa de uma pessoa física ou jurídica, que organiza e assume a responsabilidade pela elaboração do jornal.[12] Outras pessoas também contribuem no processo, cada uma com sua colaboração autônoma, como colunistas e editores, "sendo seus esforços reunidos e remunerados pela pessoa coletiva, a quem compete a coordenação de suas atividades, às quais se fundem, ao depois, no resultado objetivado".[13]

Na área da música, podemos citar, como exemplo, a coleção de *songbooks*[14] realizada por Almir Chediak, da qual tivemos oportunidade de participar. As composições de diferentes autores incluídas nos *songbooks* são obras autônomas, mas a coleção *Songbooks* em si é a obra coletiva.

3.1.4 O Direito Conexo e seus titulares

O Direito de Autor guarda relação com este. Por sua vez, os Direitos Conexos (também chamados de "vizinhos" ou "análogos"), e que são estudados em conexão com o Direito de Autor, guardam relação com os cha-

---

[11] Art. 23, LDA.

[12] Art. 5º, VIII, *h*, LDA.

[13] Op. cit., p. 39.

[14] Os *songbooks* são propriedade da Editora Lumiar.

mados artistas intérpretes ou executantes,[15] o produtor fonográfico ou a empresa de radiodifusão. Assim, uma das diferenças principais entre esses direitos é o conjunto de pessoas protegidas, ou, no termo mais correto, os *titulares do direito*.

Como dito anteriormente, a composição é a matéria-prima de toda a cadeia produtiva da economia da música, sendo a sua interpretação, utilização econômica ou difusão diretamente dependentes da obra.

Temos então que os artistas, os músicos acompanhantes, os arranjadores, as gravadoras e as emissoras de rádio são todos titulares de direitos conexos aos de autor. No caso de um *show* com coreografias – o que é muito comum – são também titulares de direitos conexos os bailarinos e dançarinos.

O Direito Conexo tem semelhanças com o Direito de Autor pela própria conexão que lhe estabelece a terminologia, tendo a LDA conferido ao titular de Direitos Conexos algumas das proteções dadas ao titular de Direito de Autor,[16] conforme veremos mais detidamente na tabela a seguir.

3.1.5 Direitos Morais e Direitos Patrimoniais de Autor

O conteúdo do Direito Autoral permite faculdades de exercício distintas: as de ordem moral (ou pessoal) e as de ordem patrimonial. As faculdades pessoais são também conhecidas como Direitos Morais de Autor, e as patrimoniais, Direitos Patrimoniais de Autor, que é a terminologia adotada na LDA.

Os Direitos Morais do Autor dizem respeito à conexão pessoal estrita entre o criador e sua criação, como a manutenção da integridade da obra e sua paternidade, enquanto os Direitos Patrimoniais "se referem à utilização econômica da obra, representando os meios pelos quais o autor dela pode retirar proventos pecuniários", isto é, obter resultados financeiros.

A Figura 3.3 indica essa bipartição dos Direitos de Autor em Morais e Patrimoniais, citando alguns exemplos de cada.

---

[15] Art. 5º, XIII, LDA: "Todos os atores, cantores, músicos, bailarinos ou outras pessoas que representem um papel, cantem, recitem, declamem, interpretem ou executem em qualquer forma obras literárias ou artísticas ou expressões do folclore."

[16] Art. 89, LDA.

Figura 3.3 – Bipartição dos Direitos de Autor

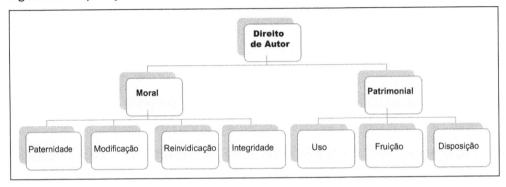

Fonte: Os Autores.

Em resumo, os aspectos mais importantes dos Direitos Morais são indicados abaixo:

Direito Moral	Descrição
Reivindicação	Direito de reivindicar a paternidade sobre a obra.
Menção da Designação	Obrigação de indicar o nome ou designação do autor na utilização da obra. São os famosos "créditos". Também é aplicável aos artistas intérpretes ou executantes.
Inédito	Direito de manter a obra inédita, ainda que terminada. Está ligado à liberdade de criação.
Integridade	Proibição de qualquer pessoa afetar a integridade da obra ou atingir a reputação ou honra do autor. Também é aplicável, analogamente, às interpretações dos artistas intérpretes ou executantes.
Modificação	Direito de alterar a obra a qualquer tempo. Também é aplicável analogamente às interpretações dos artistas intérpretes ou executantes.
Retirada	Direito de retirar de circulação a obra que é utilizada com desrespeito a seus aspectos éticos e artísticos ou à honra do autor, isto é, cuja integridade foi violada.
Acesso	Direito ao acesso de exemplar raro e único da obra que esteja em poder de outra pessoa, com a finalidade de preservação de memória e acervo.

É importante ressaltar que os Direitos Morais são inalienáveis e irrenunciáveis,[17] isto é, não podem sair da esfera de patrimônio do autor, nem ser por ele renunciados. Assim, em sua obra, o autor X não pode autorizar que conste em sua obra a autoria do autor Y, prática conhecida como "venda" da autoria (*ghost writer*). Em outro exemplo, não pode a gravadora A utilizar a obra do autor B ou a interpretação do artista C sem indicar expressamente seus nomes, não importando se a gravadora pagou ou não pela utilização da obra ou interpretação.

Os rendimentos financeiros obtidos pelo autor com a utilização de sua obra são consequência dos exercícios de seus Direitos Patrimoniais. Segundo a LDA, pertence ao autor "o direito exclusivo de usar, fruir e dispor"[18] da obra. Portanto, trata-se de um direito de propriedade intelectual sobre a obra.

O autor pode então permitir a utilização da sua obra ou mesmo sua transferência para outras pessoas, sempre com observância dos Direitos Morais. É assim que surgem os contratos de edição, reprodução parcial ou integral, inclusão em fonograma, execução pública, radiodifusão sonora ou televisiva, entre outros.[19] Essa autorização pode ser gratuita ou mediante pagamento fixo ou percentual (também chamado de *royalty*).

3.1.6 As modalidades de utilização da obra

A obra pode ser utilizada em diferentes modalidades. No entanto, *cada modalidade* deve ser objeto específico de autorização por parte do autor, sob pena de não ser lícita sua utilização. Se um autor autoriza que a gravadora A fixe sua obra em fonograma, autorizando apenas sua gravação, não está permitindo que a reproduza ou venda. Caso a gravadora A queira gravar a obra para vendê-la em CDs, é imprescindível que o autor autorize a fixação em fonograma e a reprodução deste com fins comerciais.

Isso é decorrente da cláusula de interpretação restritiva existente na LDA,[20] significando que, se o autor autorizou uma modalidade de utilização, isso não quer dizer que implicitamente autorizou outras. Ressaltamos que cada mo-

---

[17] Art. 27, LDA.

[18] Art. 28, LDA.

[19] Art. 29, LDA.

[20] Art. 4º, LDA.

dalidade de utilização deve ser autorizada pelo autor, sob pena de ser ilegal. Existem exceções na LDA, mas a regra deve ser claramente entendida.

Ao contrário dos Direitos Morais, os Direitos Patrimoniais podem ser transferidos a outras pessoas, isto é, podem sair definitivamente do patrimônio do autor. As transferências totais e definitivas deverão sempre ser realizadas por escrito, por exigência da lei.[21] Vimos anteriormente que existem acordos verbais, mas na área do Direito Autoral a forma utilizada é a escrita, proporcionando uma segurança jurídica para ambas as partes, mediante a transferência efetuada através de um documento escrito.

Os contratos envolvendo Direitos Patrimoniais de Autor mais comuns são os de edição, cessão de direitos, autorizações de uso e licenciamento. Alguns têm suas cláusulas previstas em Lei, como o contrato de edição.[22] Outros, como o licenciamento ou cessão, devem ser elaborados com observância das diretrizes do Direito Autoral.

Vejamos alguns tipos de contratos comuns no mercado da música, os atores envolvidos (partes) e seu objeto:

Contrato	Partes	Objeto
Edição	Autor e editor	O editor assume a obrigação de reproduzir e divulgar a composição do autor, de forma exclusiva.
Cessão de Direitos de Autor	Autor e cessionário	O autor transfere definitivamente os direitos patrimoniais de autor de suas obras ao cessionário.
Record Deal ou Cessão de Direitos de Intérprete	Artista e produtor fonográfico (gravadora)	O produtor fonográfico produz um álbum contendo fonogramas com as interpretações do artista para exploração comercial. A cessão é normalmente feita de forma definitiva.
Licenciamento	Licenciante e licenciado	O licenciante "empresta" suas obras ou fonogramas ao licenciado para utilização por tempo e em local determinados.
Agenciamento	Agente e agenciado	O agente assume a obrigação de ampliar o mercado de clientes dos serviços do agenciado, mediante retribuição.
Distribuição	Distibuidor e distribuído	O distribuidor assume a obrigação de ampliar o mercado de clientes dos produtos do distribuído, mediante retribuição.

---

[21] Art. 50, LDA.

[22] Arts. 53 a 67, LDA.

O Direito de Autor é considerado pela LDA como um bem móvel.[23] Essa questão proporciona maiores facilidade de circulação no mercado e aproveitamento econômico a todos os envolvidos.

3.1.7 Reprodução e execução pública – distinção importante

A reprodução está relacionada com a cópia da obra em exemplares. Dessa forma, um autor A pode efetuar um contrato com uma gravadora B para que esta grave sua obra em um fonograma e a reproduza em suporte físico (exemplo: CD) e/ou imaterial (exemplo: mp3), ficando a gravadora obrigada a prestar contas e pagar ao autor a quantia estipulada no contrato por exemplar vendido.

Já a execução pública (ou comunicação ao público) ocorre quando alguém utiliza obras ou fonogramas em locais de frequência coletiva, como bares, boates, casas de espetáculos, teatros, lojas, hotéis, restaurantes etc.[24] Assim, em um *show* produzido pela empresa A, as obras do autor X executadas pelo artista Y somente poderão ser utilizadas com autorização do autor X e mediante retribuição a ser paga pela empresa produtora. Igualmente, quando um *DJ* em uma boate e toca uma música (fonograma), a boate deverá retribuir o autor e todos os demais titulares de Direitos Conexos daquela música.

Na execução pública, o pagamento aos titulares de Direitos Autorais ou Conexos é devido mesmo que o ingresso na área coletiva seja pago ou gratuito. Isso quer dizer que, se houver música ao vivo em um restaurante, deverão ser pagos os direitos. Da mesma forma, em uma apresentação gratuita em praça pública, será igualmente devido o pagamento.

A LDA já previa em seu art. 113 um controle sobre a reprodução de fonogramas, que foi regulamentado pelo Decreto nº 4.533 de 2002. Esse decreto instituiu a "numeração" de CDs e DVDs, bem como exigiu que o produtor fonográfico individualizasse seus fonogramas através de um código chamado ISRC.[25] Esse código contém informações relativas aos titulares de

---

[23]   Art. 3º, LDA.

[24]   Art. 68, LDA.

[25]   International Standards Recording Code: Código de Gravação de Padronização Internacional. O IS vem da ISO (International Standards Organization), Organização Internacional de Padronizações.

Direitos Autorais e Conexos de cada fonograma, servindo de base para uma melhor arrecadação e distribuição desses direitos.

3.1.8 Associações de gestão coletiva de Direitos de Autor e Conexos

Outro aspecto importante é a forma escolhida pelo autor ou titular de Direitos Conexos para o exercício de seus direitos relativos à execução pública, que pode ser efetuado diretamente ou de forma coletiva. A LDA permite que os titulares de Direito Autoral ou Conexo formem associações para o exercício e a defesa de seus direitos, sempre sem finalidade lucrativa.[26] Dessa forma, surgiram no Brasil várias associações, como a UBC,[27] SOCINPRO[28] e ABRAMUS,[29] entre outras. As associações tornam-se representantes do titular de Direito Autoral e/ou Conexo, podendo praticar todos os atos reputados necessários à defesa desses direitos e à sua cobrança.[30]

A LDA previu que as associações centralizassem a arrecadação e distribuição de seus direitos em um único escritório: o ECAD (Escritório Central de Arrecadação e Distribuição). É importante frisar que o ECAD é uma entidade privada e não pública, como muitos pensam, e sua atuação obedece às regras feitas em conjunto pelas associações que representam os diversos titulares.

Note-se também que o ECAD só pode arrecadar os direitos referentes à *execução pública*, repassando-os às associações e estas aos seus associados (titulares), não cabendo ao ECAD arrecadar ou distribuir direitos de reprodução, como a venda de CDs ou *Ringtones*. No entanto, é comum a prática equivocada de muitos titulares que solicitam ao ECAD a prestação de contas sobre a arrecadação de direitos de reprodução, como a das vendas de seu CD por determinada gravadora.

---

[26] Art. 97, LDA.

[27] União Brasileira de Compositores, fundada em 1942. Disponível em: <www.ubc.org.br>.

[28] Sociedade Brasileira de Administração e Proteção dos Direitos Intelectuais, fundada em 1962. Disponível em: <www.socinpro.org.br>.

[29] Associação Brasileira e Música e Artes, fundada em 1982. Disponível em: <www. abramus. org.br>.

[30] Art. 98, LDA.

3.1.9 Limitações ao Direito Autoral

Os Direitos de Autor e Conexos têm suas limitações. Determinadas utilizações independem de autorização dos titulares e não ofendem tais direitos. As mais importantes limitações para nosso estudo são previstas em três incisos do art. 46 da LDA.

A primeira visa assegurar a liberdade de expressão, consistindo na "citação em livros, jornais, revistas ou qualquer outro meio de comunicação, de passagens de qualquer obra, para fins de estudo, crítica ou polêmica, na medida justificada para o fim a atingir, indicando-se o nome do autor e a origem da obra".[31]

A segunda assegura ao comerciante a livre utilização dos produtos artísticos que vende e consiste na "utilização de obras literárias, artísticas ou científicas, fonogramas e transmissão de rádio e televisão em estabelecimentos comerciais, exclusivamente para demonstração à clientela, desde que esses estabelecimentos comercializem os suportes ou equipamentos que permitam a sua utilização".[32] Assim, os lojistas podem executar os fonogramas dos CDs que se encontram à venda em sua loja sem ter que pagar a mais, o que seria um total conflito de interesses. Obviamente, se a loja não vende CDs, terá que pagar os direitos de execução pública.

A terceiro é a

> "a reprodução, em quaisquer obras, de pequenos trechos de obras preexistentes, de qualquer natureza [...], sempre que a reprodução em si não seja o objetivo principal da obra nova e que não prejudique a exploração normal da obra reproduzida nem cause um prejuízo injustificado aos legítimos interesses dos autores".[33]

Essa regra muito se parece com a doutrina dos países anglo-saxões conhecida como *fair use* (uso justo). Para que se possa invocar essa limitação são necessárias três condições: (i) a utilização de pequenos trechos e não a totalidade da obra nova; (ii) que não se prejudique a exploração que a obra

---

[31] Art. 46, III, LDA.

[32] Art. 46, V, LDA.

[33] Art. 46, VIII, LDA.

já possui; e (iii) que não conflite com os interesses artísticos dos autores da obra.

Aqui, não se encaixa a utilização de *samples* na produção de novos fonogramas, caso muito comum hoje em dia. Também não existe determinação do que sejam "pequenos trechos", dependendo da situação real da utilização. Alguns sustentam tratar-se de trinta segundos do fonograma original, mas essa tese não pode prevalecer, uma vez que existem fonogramas que não chegam a essa duração, a exemplo dos fonogramas publicitários. A avaliação deve ser feita com razoabilidade, e apenas existirá a possibilidade do uso do "pequeno trecho", desde que não seja flagrantemente o objeto principal da nova produção.

3.1.10 O domínio público

A proteção dos Direitos Autorais e Conexos não perdura para sempre, dando a LDA a eles um prazo de razoável de duração, para que seja possível o aproveitamento financeiro. No Brasil, esse prazo é de 70 anos, tanto para o Direito Autoral quanto para o Conexo, diferenciando-se apenas a data inicial da contagem do prazo.

No caso dos Direitos Autorais, é o primeiro dia do ano seguinte à morte do autor,[34] ou nos casos de coautoria, do falecimento do último coautor.[35] Não havendo sucessores ou herdeiros, a obra entra imediatamente no domínio público.

Já nos Direitos Conexos, a contagem se inicia em "1º de janeiro do ano subsequente à fixação, para os fonogramas; à transmissão, para as emissões das empresas de radiodifusão; e à execução e representação pública, para os demais casos".[36] Após esse prazo, a obra entra em domínio público, isto é, passa a pertencer à sociedade. Observe que entram em domínio público os Direitos Patrimoniais, pois os Direitos Morais duram eternamente.

Existem também outros casos em que se aplica o domínio público, como obras sem autor identificado, obras tradicionais, obras de folclore e casos em que o autor falece sem deixar sucessores.

---

[34] Art. 41, LDA.

[35] Art. 42, LDA.

[36] Art. 96, LDA.

3.2 Direitos da Personalidade – imagem, nome, pseudônimo e voz

O *Music Business* é feito de sons e imagens. Dos sons – composições e gravações – tratamos no tópico acima. Precisamos agora também tratar da parte da imagem e outros pontos, uma vez que igualmente possuem seus atributos econômicos e não econômicos.

A Constituição Federal de 1988 também protege direitos relacionados à personalidade do ser humano, como seu nome, sua honra e sua imagem.

O mesmo art. 5º comentado no tópico de Direito Autoral dá proteção muito semelhante aos chamados Direitos da Personalidade. Contudo, sua efetiva regulamentação só se inseriu no Ordenamento Jurídico Brasileiro com o novo Código Civil em 2002, quando delinearam-se com precisão seus contornos.

Dessa forma, a imagem, o nome, o pseudônimo e outros atributos da pessoa – como a honra, a intimidade – passaram a ter um método efetivo de proteção e tutela. Desse conjunto de direitos,[37] iremos tratar efetivamente dos mais afetos ao *Music Business* – o nome, o pseudônimo, a imagem e a voz, e em diante chamaremos apenas esses de Direitos da Personalidade, em nome da didática.

Após o novo Código Civil, foi possível estender a proteção anteriormente dada ao nome da pessoa a seu pseudônimo. Anteriormente, quem quisesse ter seu pseudônimo protegido tinha que recorrer aos cartórios de registro civil e, com bons argumentos, solicitar ao juiz a inclusão de seu "apelido" ao nome, como aconteceu com o ex-presidente Lula, a apresentadora Xuxa e o atleta Pelé. Hoje, isso não é mais necessário, gozando o pseudônimo de um artista da exata proteção dada a seu nome.

Com a imagem foi um pouco diferente, uma vez que esse termo já era expressamente previsto na Constituição de 1988, não havendo margem para discussão.

Em relação à voz, não estamos tratando das interpretações vocais de artistas, mas sim da sua voz em entrevistas, discursos, comerciais e campanhas publicitárias e outras utilizações dessa natureza.

---

[37] Os Direitos da Personalidade compreendem todos aqueles indissociavelmente ligados à pessoa do ser humano, como a vida, a integridade física e psíquica, a dignidade, a honra, a intimidade, a privacidade, o corpo, o nome, o pseudônimo, a imagem e o som de voz, entre outros.

Assim como os Direitos Morais de Autor, os Direitos da Personalidade também são inalienáveis e irrenunciáveis, mas compreendem, em parte, a utilização com proveito econômico, como podemos amplamente ver no mercado da música.

Nessa parte que pode ser economicamente aproveitada – nome, imagem, voz e pseudônimo – há regras muito parecidas com as modalidades de utilização comentadas no tópico de Direito Autoral, às quais fazemos remissão para não repetirmos os princípios. A única diferença é que há dúvidas quanto à aplicação da interpretação restritiva nas modalidades de utilização desses Direitos da Personalidade a que agora nos referimos. Entendemos que a interpretação restritiva deva ser sempre aplicada.

Há um dispositivo específico no Código Civil[38] que nos interessa em especial – semelhante ao *fair use* (uso justo) comentado no tópico de Direito Autoral – e por sua importância o transcrevemos:

> "Art. 20. Salvo se autorizadas, ou se necessárias à administração da justiça ou à manutenção da ordem pública, a divulgação de escritos, a transmissão da palavra, ou a publicação, a exposição ou a utilização da imagem de uma pessoa poderão ser proibidas, a seu requerimento e sem prejuízo da indenização que couber, se lhe atingirem a honra, a boa fama ou a respeitabilidade, ou se se destinarem a fins comerciais."

Observamos aqui uma equação cujas variáveis nos darão a indicação de quando é necessária a autorização de uma pessoa para utilização lícita de sua imagem e voz. Para tanto, precisamos fazer uma leitura mais simplificada, através do seguinte quadro:

Regra Geral	Exceção
Imagem e voz de uma pessoa não podem ser utilizadas para fins comerciais.	Se autorizadas pela pessoa, se necessárias à administração da justiça ou à manutenção da ordem pública.
Imagem e voz de uma pessoa não podem ser utilizadas se atingirem sua honra.	Se necessárias à administração da justiça ou à manutenção da ordem pública.

---

[38]   Art. 20 do novo Código Civil.

Vemos, claramente, que há uma diferença entre as duas modalidades de utilização, pois foi excluída a possibilidade de autorização referente à utilização de imagem e voz quando atingem a honra da pessoa, uma vez que essa característica é completamente irrenunciável.

Atualmente, há grande discussão acerca desse ponto na utilização de imagens de pessoas em *reality shows*, as expondo ao ridículo e atingindo sua honra e respeitabilidade, uma vez que todos esses atributos da dignidade humana não podem ser objeto de renúncia por parte das pessoas exibidas em tais programas.

Finalmente, é importante salientar que, quanto ao nome e ao pseudônimo de uma pessoa, jamais poderão ser utilizados sem sua autorização para finalidades comerciais, por expressa previsão da lei.

3.3 Direito Marcário

A marca possui uma alta relevância no patrimônio de qualquer ator da cadeia produtiva da música. Isso se dá pelo fato de que ela diferencia um produto ou serviço daquele de seus concorrentes. Dessa forma, a marca, que também é um bem imaterial e intangível, obteve uma enorme valorização, passando, muitas vezes, a ser o principal ativo de uma pessoa física ou jurídica. A marca criada e desenvolvida por essas pessoas será sua distinção no mercado e, por isso, passou a ter a proteção da Lei.

O Direito Marcário é muito abrangente e, por esse motivo, vamos focar nosso estudo apenas na proteção dada às marcas de produtos e serviços, que correspondem à maioria das marcas presentes no *Music Business*.

Em nosso país, o Direito Marcário tem como principal norma regulamentadora a Lei 9.279/96 (Lei da Propriedade Industrial – LPI), além de diversos tratados internacionais, visto ser um ramo do direito de propriedade industrial, de abrangência internacional.

3.3.1 O Registro e suas Condições

Diversamente do que ocorre com o Direito Autoral, o registro da marca é indispensável para que se obtenha sua propriedade. No Brasil, o órgão que tem a atribuição de examinar os pedidos de registro de marcas é o INPI (Instituto Nacional da Propriedade Industrial), autarquia federal ligada ao Ministério do Desenvolvimento, Indústria e Comércio Exterior.

Existem determinadas condições para que uma pessoa física ou jurídica obtenha o registro de uma marca. Falaremos a seguir das três mais importantes: a novidade relativa (princípio da especificidade), a não colidência com marca notória e o desimpedimento.

Pelo fato de existirem diversas atividades comerciais e espécies de produto, a novidade relativa, através do *princípio da especificidade*, consagrou-se como a *primeira condição*. Uma convenção internacional, realizada em Nice, na França, em 1957, estabeleceu a *Nice Classification* (NCL), a qual dividiu os produtos e serviços em diferentes classes, a fim de poderem coexistir, harmonicamente, marcas iguais em diferentes categorias. Essa lista passou por várias mudanças, e atualmente a NCL 10[39] divide os produtos em 34 classes, e os serviços em 11.

Exemplificando, um conjunto musical chamado Estrela Azul poderá requerer a marca na área de serviços, classe de entretenimento (NCL 10 (41)), ao mesmo tempo que uma fábrica de telefones poderá requerer a mesma marca na área de produtos, classe de aparelhos telefônicos (NCL 10 (9)).

Exceção ao princípio da especificidade, isto é, o registro na classe específica de atuação de determinada marca no mercado, são as chamadas *marcas de alto renome*. Tais marcas são de tão grande conhecimento no mercado que o INPI as concede um registro especial – em todas as classes de produtos e serviços. Por exemplo, apesar de Coca-Cola ser uma marca essencialmente de refrigerantes, a ela é concedido o registro nas demais 44 classes existentes. Cabe apenas ressaltar que essa proteção especial somente é analisada pelo INPI através de requerimento específico para tanto.

A *segunda condição* é a *não colidência com marca notória*. Existem marcas que são notoriamente conhecidas em seu ramo de atividade no mercado internacional, ainda que não registradas em determinados países. Por esse motivo, não é possível o registro de uma marca semelhante, mesmo em outra classe onde não haja o registro da marca notória. Tomemos como exemplo a marca The Rolling Stones, da famosa banda inglesa. Pela sua notoriedade no mercado, não podemos registrar a mesma marca em outra classe completamente diversa.

---

[39] 10ª edição da lista NCL.

A *terceira condição* é o *desimpedimento*, ou seja, a marca precisa estar livre na classe que se deseja o registro. Como exemplo, para uma gravadora requerer a marca de serviços Musicola, na classe de entretenimento NCL 10 (41), não poderá haver registro anterior.

3.3.2 O processo de registro

Falaremos, resumidamente, sobre o processo de registro. Podem requerer o registro de uma marca tanto as pessoas físicas quanto as jurídicas, desde que, efetivamente, utilizem a referida marca em sua atividade, evitando-se, assim, reservas de mercado e concorrências desleais.

O primeiro passo em direção ao registro é solicitar uma busca prévia, onde o INPI pesquisa o desimpedimento da marca na classe pretendida. Não havendo impedimento, passa-se ao depósito do pedido de registro, onde o requerente levará ao INPI a documentação necessária, seja de forma física ou digital. Protocolado o depósito, o processo será numerado e publicado na Revista da Propriedade Industrial (RPI). Essa publicação serve para comunicar à sociedade que determinada pessoa ou empresa requereu aquele registro. Dessa forma, fica garantido que eventuais prejudicados venham ao INPI contestar o pedido de registro. Não havendo contestação no prazo de sessenta dias, contados da data da publicação na RPI, passa-se ao exame das condições, já descritas acima.

Sendo deferido o pedido e recolhidas as taxas, será expedido o certificado de registro. Finalizado o processo, a proteção dada pelo registro tem duração de dez anos, renováveis por iguais e sucessivos prazos, caso o produto ou serviço continue sendo oferecido no mercado.

3.3.3 Diferenças entre o registro do Direito Marcário do Direito Autoral

Devemos destacar algumas diferenças entre o Direito Marcário e o Direito Autoral, para evitar dúvidas bastante comuns.

	Direito Autoral	Direito Marcário
Registro	Prova a anterioridade.	Constitui propriedade sobre a marca.
Objeto	Exteriorização da ideia criativa com caráter literário ou artístico.	Ideia inventiva, utilidade.

Finalmente, relembramos a importância do registro da marca no mercado da música, citando alguns artistas que tiveram que deixar de usar suas pretendidas marcas: Gera Samba,[40] que passou a se chamar É o Tchan; Nativus,[41] que passou a se chamar Natiruts; e J-Quest,[42] que passou a se chamar Jota Quest.

3.4 Formas de associação

Inevitavelmente, quem deseja entrar para a cadeia produtiva da música irá necessitar da cooperação de outras pessoas. Muitas vezes, será até necessária a cooperação para a realização de sua atividade principal, como ocorre em uma coautoria musical, na formação de uma banda ou mesmo de uma empresa distribuidora de CDs.

Com isso em mente, resolvemos indicar determinadas formas de associação possíveis, a serem feitas de preferência antes de serem tomadas outras iniciativas.

No Direito brasileiro, o ser humano é chamado de *pessoa natural*, ou, na linguagem popular, pessoa física. Durante muito tempo, a técnica jurídica evoluiu e foi criada uma figura chamada pessoa jurídica, com o objetivo de proteger o patrimônio das pessoas físicas. Essas podem se associar para formar pessoas jurídicas, com ou sem fim lucrativo. Como regra geral, o grande benefício é que a pessoa jurídica tem patrimônio próprio, o qual não se confunde com o patrimônio individual de seus associados. Obviamente existem exceções, mas não serão objeto de nosso estudo.

---

[40] Processo 811345033 do INPI.

[41] Processo 819878472 do INPI.

[42] Processos 819007579 e 819116793 do INPI.

As pessoas jurídicas, que interessam ao nosso estudo, são as associações, sociedades e sindicatos. No quadro seguinte podemos visualizar as finalidades de cada tipo de pessoa jurídica.

Tipo de Pessoa Jurídica	Finalidade
Associação	União de pessoas com interesses em comum, sem fins lucrativos.
Sociedade	Exercício de atividade econômica.
Sindicato	Estudo, defesa e coordenação de interesses de empregadores ou empregados.

No mercado da música, como em outros, existem todos esses tipos de pessoas jurídicas, cada um com sua finalidade. Podem ser citados alguns exemplos: de associação, Abramus;[43] de sociedade: Time for Fun;[44] de sindicato: SATED.[45]

As sociedades, por seu intuito de lucro, merecem ser objeto de mais detalhamento. Além da excessiva tributação aplicável às pessoas físicas, a crescente profissionalização do mercado trouxe uma necessidade de formalização aos atores da cadeia produtiva.

Dessa maneira, artistas, produtores e demais atuantes na cadeia produtiva da música passaram a constituir empresas e atuar a partir delas.

Na verdade, o termo *empresa* tecnicamente é a própria atividade, sendo adequado, portanto, o termo *empresário* para se relacionar ao sujeito da atividade.

A empresa é constituída por meio de bens, direitos, dinheiro e, às vezes, serviços de seus sócios, o que forma seu *capital social*. Na regra jurídica, a responsabilidade da empresa é ligada a seu capital social, não respondendo o patrimônio dos sócios por eventuais dívidas contraídas pela empresa.

Existem empresários individuais e coletivos. Como empresários individuais podemos citar o MEI (Microempreendedor Individual) e a recente EIRELI (Empresa Individual de Responsabilidade Limitada). Exemplos de empresário de maneira coletiva são as sociedades limitadas e as sociedades anônimas.

---

[43] Associação Brasileira de Música e Artes.

[44] Empresa atuante no núcleo de *shows* e eventos musicais.

[45] Sindicato dos Artistas e Técnicos em Espetáculos de Diversões.

No quadro a seguir, demonstraremos os principais aspectos das categorias de empresários mais presentes no mercado:

Tipo de Empresário	Aspectos
MEI (Microempreendedor Individual)	Entidade com fins lucrativos, constituída por um indivíduo, dotada de personalidade jurídica, mas de patrimônio que se confunde com o da pessoa física, e tributação feita através do Simples Nacional. O limite de faturamento anual do MEI é de R$ 36.000,00.
EIRELI (Empresário Individual de Responsabilidade Limitada)	Entidade com fins lucrativos, constituída por um indivíduo, dotada de personalidade jurídica e patrimônio distinto da pessoa física. Para a constituição da EIRELI o indivíduo deve constituir seu capital social com o mínimo de 100 salários-mínimos, em bens, direitos ou dinheiro.
Sociedade Simples Limitada	Sociedade de mais de um indivíduo, com personalidade jurídica e patrimônio distinto da pessoa física. A sociedade simples parte do princípio de que os sócios irão exercer pessoalmente suas atividades. Há uma forte conexão pessoal entre os sócios e uma menor conexão em função do aporte financeiro na sociedade (sociedade de pessoas).
Sociedade Empresária Limitada	Sociedade de mais de um indivíduo, com personalidade jurídica e patrimônio distinto da pessoa física. A sociedade empresária não parte do princípio de que os sócios irão exercer pessoalmente suas atividades. Há uma forte conexão em razão do aporte financeiro dos sócios e uma menor conexão em função de suas qualidades pessoais (sociedade de capital).
Sociedade Anônima	Sociedade de mais de um indivíduo, com personalidade jurídica e patrimônio distinto da pessoa física. Também é uma sociedade de capital. A sociedade anônima é utilizada em grandes empreendimentos e possui um quadro administrativo e fiscal extremamente regulamentados. Podem ter seu capital fechado ou aberto para negociação em bolsas de valores.

No mercado internacional, é comum o artista ter sua própria empresa, a qual centraliza todos os direitos relativos ao artista, seus parceiros e sua carreira. Isso facilita a gestão de todas as atividades com as quais está ligado, principalmente a parte dos proveitos econômicos de sua marca, sua obra e sua imagem.

Há também a possibilidade de outros tipos de associação sem necessidade da constituição de uma pessoa jurídica, como as parcerias comerciais. Porém, o mercado está sempre evitando contrato com pessoas físicas, em que são possíveis o vínculo de emprego e a proteção das leis trabalhistas, que geram encargos excessivos ao empregador.

Portanto, sugerimos que, previamente a qualquer passo efetivo no mercado, seja cuidadosamente estudada a forma de associação cabível ao seu objetivo e de seus parceiros, para que se evitem conflitos. Essa prudência tem como propósito um crescimento econômico maior e sustentável da cadeia produtiva da música.

4

Aspectos Econômicos

"Ó mundo tão desigual
tudo é tão desigual
ô ô ô ô
de um lado este carnaval
de outro a fome total
ô ô ô ô."

(*A novidade*, música de João Barone, Bi Ribeiro e Herbert Vianna,
letra de Gilberto Gil)

4.1 Introdução

Você pode estar se perguntando o que faz um capítulo de economia em um livro sobre *Music Business*. Precisamos perceber que os negócios da música se concentram em um mercado, que faz parte da economia como um todo. Por isso, torna-se necessária uma breve jornada pelo estudo da economia, abordando-se os pontos que são pertinentes ao mercado da música e trazendo uma visão estratégica do *Music Business*.

A disciplina da economia tem como propósito estudar a decisão da sociedade na forma de utilizar os recursos disponíveis, entre as diversas alternativas possíveis, para produzir bens e serviços ao longo do tempo e distribuí-los para o consumo na sociedade, na atualidade e no futuro. Em resumo, um dos pontos mais importantes da economia é racionalizar esses recursos através da identificação de oportunidades e minimização de riscos.

Portanto, o objetivo deste capítulo é mostrar que os negócios da música se inserem num mercado que também é regido pelas leis econômicas e, assim, possibilitar ao leitor um melhor entendimento dessa dinâmica.

Na realidade, os estudos formadores da chamada economia da cultura, incluindo a sua delimitação, remontam a meados do século XX, através das obras de importantes economistas como John Galbraith e Baumol & Bowen.

A economia divide-se, numa forma geral, em *macroeconomia* e *microeconomia*. Segundo Mankiw, a *macroeconomia* é "o estudo dos fenômenos da economia como um todo, incluindo inflação, desemprego e crescimento econômico", e sua utilidade pode consistir, entre outros exemplos, no estudo das "consequências do endividamento do governo federal, a evolução da taxa de desemprego ao longo do tempo, ou diferentes políticas destinadas a aumentar o padrão da vida nacional". Já a *microeconomia* é o estudo da economia pelas suas partes, examinando a atividade de suas unidades individuais, podendo-se citar como exemplo de sua utilidade o estudo da forma como uma empresa dirige sua produção a fim de obter menor custo e maior lucro.

Através do estudo da economia, surgem três perguntas-chave pelas quais se visa resolver o problema fundamental de racionalização de recursos:

1. O que produzir?

1. Para quem produzir?

1. Como, com que recursos e tecnologias produzir?

Durante muito tempo, vários estudiosos tentaram resolver essas perguntas, cada um levando em conta a situação de um determinado território ou país. Diferentes sistemas político-econômicos, como o capitalismo e o socialismo, foram criados com o intuito de maximizar o bem-estar social, divergindo, porém, quanto às ações necessárias para sua concretização. Entretanto, adotar apenas um modelo econômico não é o que ocorre na prática, mas apenas na teoria.

Na economia de estado, adotada pelos socialistas, elegem-se representantes da sociedade aos quais é dada a responsabilidade de responder às três perguntas-chave, definindo o que, quanto e para quem produzir. Portanto, tanto a oferta quanto a demanda são direcionadas de acordo com o interesse do Estado.

Na economia de mercado, adotada pelos capitalistas, surgem a oferta e a demanda "livre". O encontro delas acaba por determinar um preço de equilíbrio, que indicará as respostas às três perguntas-chave.

Nosso estudo será apenas da economia de mercado, uma vez que a economia de Estado já foi tecnicamente provada como impossível pelo notável economista austríaco Ludwig von Mises.

No Brasil, temos atualmente uma economia de mercado com um Estado altamente intervencionista, interferindo na economia através de leis que regulam ou limitam a livre atuação das partes envolvidas no mercado, isto é, na oferta e na demanda.

4.2 Bens econômicos

Voltando ao tema da escassez de recursos, precisamos saber o que são esses recursos. A economia batizou-os com o termo *bens*. Eles podem ser classificados como *bens livres* e *bens econômicos*.

Os *bens livres* são o ar, calor solar, mar, ou seja, bens que existem em quantidade praticamente ilimitada e que não requerem esforço humano para sua obtenção. É importante mencionar que esses são considerados bens porque satisfazem a condição humana, têm valor de uso, mas não possuem significado econômico... ainda.

Já os *bens econômicos* são todos os bens limitados ou em escassez e, portanto, há a necessidade de dispêndio de trabalho para sua obtenção. Por envolverem trabalho, têm um preço e pertencem a alguém, o que significa que têm valor de uso e de troca. Vamos nos aprofundar um pouco mais e discutir sobre os tipos de *bens econômicos*, nos quais se incluem os bens da economia da música.

4.2.1 Bens normais, inferiores e de consumo saciado

É de interesse dos economistas e das pessoas que desejam ofertar produtos e/ou serviços saber como os indivíduos reagem às mudanças no preço e na renda. Vamos analisar esses bens em relação à renda de um determinado indivíduo e à quantidade do bem adquirido, fazendo uma comparação com o mercado de música. Portanto, classificaremos os bens em: *normais* (que podem ser de luxo ou necessários), *inferiores* e de *consumo saciado*.

Os bens *normais* são aqueles cuja quantidade adquirida aumenta à medida que a renda também aumenta. Quando a demanda aumenta em proporção maior do que a renda, então dizemos ser um bem de luxo. Quando a proporção de aumento é menor, dizemos ser um bem necessário.

Um exemplo no mercado de alimentos para o bem de luxo seria o *filét mignon*: quanto maior a renda de uma pessoa, mais *filét* seria comprado por ela. Já para o bem necessário, poderíamos pensar no arroz e feijão: quanto maior a renda, menos arroz e feijão as pessoas irão comprar proporcionalmente ao incremento da renda. CDs e DVDs, por exemplo, são considerados bens de luxo ou superiores, mas ao analisarmos mais detidamente, a classificação fica mais complexa, como veremos daqui a pouco.

Os bens *inferiores* têm o seu consumo aumentado à medida que a renda diminui. Por exemplo, à medida que a renda de um indivíduo diminui, maior é a quantidade de fubá que ele compra.

Os bens de *consumo saciado* são aqueles cuja quantidade independe do aumento ou diminuição da renda, como é o exemplo do sal. Independentemente de a renda de um indivíduo aumentar ou diminuir, sua necessidade estará satisfeita com a mesma quantidade de sal.

Nesse momento, precisamos fazer uma reflexão: em qual das classificações apontadas se encaixa a música? A resposta mais pertinente à questão é que a música se encontra no mercado de diversas formas, subdividindo-se em uma grande quantidade de produtos e serviços diferenciados.

Para esclarecer melhor nosso ponto de vista, podemos dizer, diante da situação atual do mercado, que a música pode ser encontrada na forma de várias unidades de negócio entrelaçadas, como fonogramas, *shows*, composições, toques para celular, partituras, CDs, DVDS, entre outros.

A música *como um todo* e como parte da cultura brasileira nos parece ser um bem de consumo saciado, pois a maioria dos brasileiros simplesmente não consegue ficar sem consumir música, seja ouvindo sua estação de rádio preferida, comprando um CD ou um *ticket* para um *show*, ou ainda apreciando um repertório ao aguardar em um consultório médico ou numa academia de ginástica.

Então, a forma correta de se perguntar seria: como cada unidade de negócio se classifica entre as categorias de bens econômicos. Nesse sentido, o DVD pode ser considerado um bem *superior*, um CD pirata um bem *inferior*.

4.2.2 Bens concorrentes e complementares

Outro aspecto importante sobre os bens econômicos diz respeito à concorrência, substituição e complementaridade. Consideram-se bens *concorrentes* aqueles que podem ser substituídos por outros similares. No caso da música, não existem "bens substitutos" perfeitos. Não é comum no momento da compra substituir-se um CD do artista A pelo CD do artista B, simplesmente porque o último está mais barato. Em economia, diz-se que esses bens não são homogêneos. Portanto, outros aspectos, que não somente o preço, influenciam a decisão de compra do produto. A relação de identificação do consumidor com determinado artista ou com determinado estilo musical ajuda a explicar a escolha feita.

Em sua notável obra sobre o tema da substituição, a economista francesa Françoise Benhamou dá um exemplo mais amplo do mercado cultural: "Se a probabilidade de um indivíduo ir ao teatro aumenta pelo fato de assistir às peças pela televisão, inversamente o cinema pode constituir um substituto para o teatro, já que o simples fato de sair de casa abre ao consumidor a possibilidade de obter prazer numa ou noutra 'distração'."

É exatamente o mesmo raciocínio de Gapinski (1986), ao dizer que "cada forma de arte acha-se em competição constante com as outras".

Já a *complementaridade* é a relação entre a compra de um determinado produto ou serviço e a compra de outro do qual o primeiro necessita. Tem um aspecto objetivo e um subjetivo.

O aspecto objetivo pode ser verificado no exemplo do carro e da gasolina. Se uma pessoa compra um carro movido a gasolina, obviamente precisará comprar gasolina para que o carro funcione.

O aspecto subjetivo diz respeito à necessidade individual de uma pessoa nos bens complementares. Por exemplo, uma pessoa compra pão e queijo, outra compra pão e manteiga, e uma terceira pode comprar pão e mortadela. No entanto, todas as três compram pão com alguma coisa para acompanhar.

No mercado da música, podemos citar os seguintes exemplos. Produtos *concorrentes* ou *substitutos* seriam CDs de artistas do mesmo estilo, como dois diferentes artistas de samba. Produtos *complementares*, no aspecto objetivo, podem ser um CD de qualquer artista e um aparelho reprodutor de CD de qualquer marca. Produtos complementares, no aspecto subjetivo, podem ser um reprodutor de mp3 individualizado (por exemplo, um iPod) e os fonogramas de um determinado artista (por exemplo, Elvis Presley).

Porém, produtos musicais considerados *aparentemente concorrentes* como artistas de *rock* pesado, na verdade, podem ser *complementares*, pelo simples motivo de que um indivíduo apreciador de determinado estilo musical não ficará restrito à obra de apenas um artista. Isso tem a ver com a teoria da utilidade marginal dos bens econômicos, que será explicada mais adiante.

4.3 Valor

O entendimento de valor, para a economia, é de suma importância, pois é diferente do significado de preço. Segundo Taussig (1951), o valor é "o termo que exprime a relação de troca entre as mercadorias". Para se entender melhor essa explicação, é necessária, didaticamente, a subdivisão do conceito de valor em dois aspectos: o *valor de uso* e o *valor de troca*.

Nas palavras de Fredes e Pinto (1973), o *valor de uso* de um bem econômico "depende da capacidade para satisfazer as necessidades que as pessoas atribuem a cada coisa. Um mesmo alimento pode ser apreciado como o mais precioso do mundo por um indivíduo prestes a morrer de fome e pode ser, em outras condições, repugnante para outro". É subjetivo, uma vez que as necessidades humanas diferem de pessoa para pessoa. O *valor de uso* de uma música pode ser expresso na satisfação de uma pessoa ao escutá-la, dançá-la ou simplesmente cantá-la.

Por significarem trabalho empreendido e por serem escassos, os bens têm um *valor de troca* associado. Isso indica a capacidade de serem trocados por um determinado preço. Para entendermos melhor a diferença entre esses termos, pensemos no diamante e na água. Por que a água, um bem essencial à vida, é muito mais barata que o diamante? A água, apesar de ter *valor de uso*, não tem *valor de troca*. Por existir em abundância, seu preço é jogado para baixo; já o diamante, por ser relativamente muito escasso, torna-se de preço maior.

Essa explicação, de que resulta da escassez do bem, é insuficiente, sendo necessária uma complementação. Para uma pessoa com sede no deserto, sua disposição de pagar por um copo de água será muito maior que sua disposição, dadas as mesmas condições, de pagar por um diamante. Isso é explicado através da teoria da *utilidade marginal*. Portanto, a valoração do bem também depende das condições em que o agente se encontra. Em síntese, o valor de troca será sempre uma avaliação de uma pessoa acerca de um bem frente ao preço pelo qual o produto ou serviço é comercializado no mercado.

A teoria da *utilidade marginal* (ou satisfação em consumir uma unidade a mais do bem e/ou serviço) se aplica perfeitamente ao mercado musical, mas de uma forma bem interessante.

Essa teoria sustenta que a *utilidade marginal* de um bem diminui ao passo que o consumimos mais. Assim, podemos ter grande vontade de tomar um sorvete, mas à medida que o consumimos mais, aquele desejo inicial inevitavelmente desaparecerá, pois encontraremos nosso ponto de saciedade. Se o ultrapassarmos, isto é, se tomarmos mais sorvete, teremos uma "desutilidade", ou seja, o sorvete deixará de ser um bem para ser um mal.

Você pode estar pensando que o mercado de música também possui essa característica, pois se consumirmos a mesma música de forma exagerada, logo perderá sua utilidade. De fato, quando escutamos a mesma música na rádio muitas e muitas vezes, ela torna-se saturada por um tempo, mas por sorte, nesse caso, a saturação não é permanente. O difícil é definir o que seriam "muitas e muitas vezes".

Benhamou define bem essa situação ao dizer que: "Parte-se da hipótese de que a utilidade, isto é, a satisfação que obtém com seu consumo, decresce proporcionalmente ao aumento desse consumo: [...] Os consumos culturais não se prestam muito a este tipo de análise."

Se pensarmos em um quadro mais amplo, a música pode ter uma utilidade infinita, na medida em que temos uma imensidão de intérpretes, obras, compositores e estilos musicais. A regravação, por exemplo, dá nova vida a determinada composição, tornando-se um desejo de alguém que já adquiriu um exemplar da gravação original.

Caso interessante foi o das *raves*, iniciadas no final do século XX, principalmente na Europa. Inicialmente, essas festas reuniam pessoas adeptas da música eletrônica, em suas vertentes mais enérgicas como o *trance* e o *drum'n'bass*. A cada edição da festa, agregavam-se mais pessoas, muitas delas, no entanto, mais interessadas na "agitação" do que no estilo musical. Em algum tempo, esses novos adeptos pareciam saturados daquele estilo e a audiência começou a diminuir, preocupando os promotores dos eventos e demais interessados. Surgiu, então, a ideia de fazer, afastado do ambiente da pista de dança, um outro ambiente para as pessoas relaxarem. Nesse salão, ou em inglês *lounge*, as pessoas ouviam músicas mais calmas, em volume mais baixo e podiam conversar. A partir do conceito desse ambiente combinado com músicas evocativas do mesmo, iniciou-se uma transformação do antigo estilo musical *lounge* nos novos *electronica lounge*, *ultra lounge* ou *chill-out*, que hoje representam boa fatia do gigantesco cenário da música eletrônica mais enérgica. Com criatividade, os empresários do ramo conseguiram contornar a *utilidade marginal* de um estilo musical vendendo aos consumidores mais música, só que de outro estilo!

4.4 Oferta e demanda

A *oferta* e a *demanda* são as principais forças da economia de mercado, sendo que o marketing agrega com suas especificidades novos elementos a essa análise.

Na perspectiva da economia, *demanda* (ou procura) é o montante de um certo serviço ou produto que o consumidor deseja adquirir em um determinado período de tempo. A *demanda* é um desejo de adquirir, e não sua realização. A *demanda* é o ponto de vista do consumidor de bens e serviços.

A *oferta* pode ser conceituada como a quantidade de um produto ou serviço que os produtores desejam vender em um tempo específico. A *oferta* também é um desejo, uma aspiração. Na visão do fornecedor, à medida que aumenta a *oferta* de um bem, igualmente deve aumentar seu preço.

Portanto, enquanto o consumidor responde de forma contrária ao preço, o produtor responde na mesma direção. Isso será visto com maiores detalhes na análise sobre elasticidade. Por ora, observe nos gráficos abaixo como é nítido o conflito de interesses.

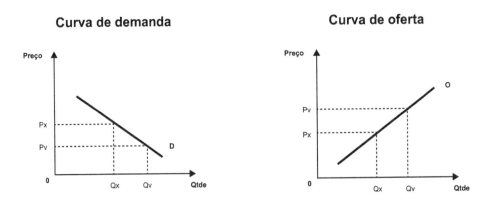

Em decorrência das oposições de visão das forças de *oferta* e *demanda*, surge a necessidade de ser encontrado um preço que ambas as partes concordem em pagar e receber pelo bem. Esse preço será o ponto de encontro das curvas de *oferta* e *demanda*, e se chama de *ponto de equilíbrio*.

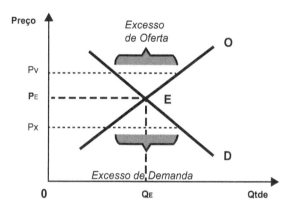

Alcançar o ponto de equilíbrio, ou o chamado preço justo, através da igualdade das forças, é um fato que existe apenas no plano da teoria. Na prática vemos a interferência de diversos fatores que determinam o desequilíbrio entre as forças de oferta e demanda.

No caso do entretenimento a situação é bem diferente. A lei da oferta e da demanda é muito mais presente, o que justifica a análise da teoria de preço de equilíbrio nos vários segmentos desse mercado.

4.4.1 Preço

Como já vimos, cada pessoa atribui um valor a um bem que, por sua vez, pode ser expresso por um preço. Os consumidores, com base na valoração que atribuem ao bem, determinam seus *preços reservas*, isto é, o preço máximo que estão dispostos a pagar para adquirir o bem e/ou serviço. Sendo assim, eles comparam o *preço-reserva* com o preço real do bem e, então, decidem se irão comprá-lo ou não.

O *preço-reserva* do consumidor não é conhecido pelos ofertantes. Eles estimam quanto e a que preço produzir com base numa estimativa da demanda. Contudo, num mercado totalmente competitivo, os ofertantes individualmente não são capazes de alterar o preço do produto que irão ofertar, pois dependem da resposta do consumidor.

Assim, no sistema de economia de mercado, o preço é determinado pela lei da oferta e da procura. O papel dessa lei é ajustar as forças compradoras e vendedoras dentro de um mercado.

Quando existe um excesso de oferta sobre a demanda, o preço tende a cair, pois os consumidores que estavam dispostos a comprar o bem e/ou serviço àquele preço já o fizeram. Dessa forma, para venderem toda sua produção – pois estocar implica custo – os produtores devem diminuir seus preços e, assim, tornar-se capazes de vender às pessoas que desejam comprar o bem a um preço inferior. Essa dinâmica de diminuição de preço e aumento da demanda continua até que a oferta seja igual à demanda.

O leitor pode estar se perguntando o que acontece quando o produtor continua diminuindo o preço. Nesse caso, haverá um excesso de procura sobre a oferta e, consequentemente, o preço sobe por ser o responsável pelo equilíbrio das forças.

O preço tem como importantes funções as de informar e incentivar e, certamente, responde às perguntas-chave, pois transmite informações sobre o quê, como e para quem produzir.

O que produzir será respondido pela maior demanda que aumentará o preço e fará com que os investimentos sejam direcionados para essa atividade, incentivando a produção.

A maneira como produzir deve ser a forma mais eficiente possível. Deve ao mesmo tempo agregar qualidade e baixo custo, pois assim o produto final será competitivo.

Para quem produzir está relacionado com *o que* produzir. Os consumidores que estão dispostos a pagar mais pelo produto terão acesso ao bem. É por esse motivo que muitas vezes o governo intervém na economia para que as pessoas com menor renda tenham acesso, pelo menos, aos serviços básicos.

Para exemplificar essa intervenção, podemos citar a recente mudança em nossa Constituição Federal, apelidada de PEC da Música, que desonerou a cadeia produtiva da indústria fonográfica ao acabar com os impostos incidentes sobre os fonogramas e videofonogramas musicais produzidos no Brasil.

4.4.2 Elasticidade-preço de demanda

O consumidor, assim como o produtor, numa economia totalmente competitiva, é um agente individualmente passivo. Nenhuma pessoa é capaz de, sozinha, alterar o preço de mercado. A elasticidade-preço de demanda é simplesmente uma medida de sensibilidade. É definida em termos de variação percentual, isto é, se há um incremento no preço de X%, qual será a variação da demanda?

A *essencialidade do bem* também interfere na elasticidade-preço de demanda, pois, sendo o produto considerado não essencial pelo consumidor, não conseguirá o fornecedor manter o preço elevado fixado pela sua visão.

O conceito de elasticidade é importante para o empreendedor do mercado de música, dadas as características da música como bem econômico. Dessa forma, quem deseja atuar nesse mercado deve, claramente, observar as forças de oferta e demanda na fixação de seus preços, que se torna uma grande ferramenta para evitar prejuízos.

No mercado de CDs e DVDs, percebemos a situação elástica do ponto de vista do consumidor que, achando os preços altos, resolveu deixar de comprar CDs. Como a indústria fonográfica demorou a reagir e baixar os preços, realmente altos para a realidade brasileira, as vendas caíram bastante e só retomaram um número expressivo após a diminuição dos preços.

4.4.3 Estruturas de mercado

Para finalizarmos este capítulo, estudaremos as estruturas de mercado, que são a principal origem da desigualdade nas forças de oferta e demanda.

A teoria econômica estabelece condições muito específicas para o funcionamento de um mercado em concorrência *perfeita*, tais como: a suposição de que o consumidor detém todas as informações e, portanto, tem condições de avaliar se o preço cobrado é o mais baixo do mercado; se o produto tem qualidade etc. Entretanto, essa é uma hipótese bastante remota e nos afasta da realidade. O que podemos, então, afirmar, é que dadas as condições, o consumidor irá escolher a melhor opção possível a fim de maximizar seu bem-estar.

Na prática, também, nem todos os agentes são passivos. Na realidade, existe apenas a concorrência *imperfeita*, que garante ao produtor a possibilidade de influenciar no preço, através da noção de que produtos de diferentes empresas são distintos, porém substitutos próximos. Dessa forma, cada produtor detém uma parcela do poder sobre a fixação de preços.

A concorrência *imperfeita* apresenta diversas estruturas de mercado, algumas bem conhecidas e outras nem tanto:

Estrutura	Definição
Monopólio	Apenas um produz, ficando a seu exclusivo critério a fixação de preços.
Oligopólio	Apenas alguns produzem.
Monopsônio	É o oposto do monopólio. Caracteriza-se por um mercado onde um só compra a produção, ditando o preço que paga.
Oligopsônio	Poucos compram, incidindo-se no mesmo problema do oligopólio. É o caso dos distribuidores de CDs e DVDs físicos no mercado de música, produzindo um gargalo da cadeia produtiva da música.

Dessas quatro primeiras estruturas, algumas de origem milenar, surgiram novas estruturas: o cartel e o truste.

O cartel é uma forma de controle do mercado por determinadas empresas independentes entre si que, através de um acordo informal, fixam o preço ou sua variação máxima. Pode se dar tanto no fornecimento quanto no consumo.

O truste é um formato específico de oligopólio onde determinadas empresas deixam de lado sua autonomia e independência para constituir uma só corporação, cujo objetivo é dominar determinada oferta de produtos econômicos, ganhando, dessa forma, enorme poder de pressionar o preço a seu favor.

No Brasil, o Estado intervém na concorrência imperfeita ao editar leis contra a cartelização e o truste, a fim de evitar, principalmente, a concorrência desleal e as reservas de mercado, como a recente alteração nas regras das associações de gestão coletiva de direitos autorais.

Todas essas estruturas se encontram presentes no mercado da música e são, ainda, grandes barreiras de entrada. Um exemplo foi a situação confortabilíssima de oligopólio vivida pelas distribuidoras de CDs e DVDs, anterior ao crescimento progressivo de novos canais de distribuição como a mídia digital. Isso resultou na redução do oligopólio que, por sua vez, perdeu uma parcela do seu mercado. O mundo digital realmente mudou o mercado mundial, mas o impacto no Brasil ainda não foi tão grande quanto no exterior, mantendo-se as mídias físicas com vendas superiores a 70% do mercado de música no Brasil, segundo dados de 2012 divulgados pela ABPD.

Posto tudo isso, devemos sempre considerar que as estruturas são dinâmicas e que as forças desse mercado estão constantemente em transformação, ficando clara a necessidade de uma observação regular dos indicadores da economia da música.

5

Marketing

"Ninguém sabe o duro que dei.
Pra ter fon-fon,
Trabalhei, trabalhei..."

(*Carango*, Carlos Imperial e Nonato Buzar)

5.1 Introdução

Quando o assunto é marketing, você provavelmente deve ter uma série de referências prévias, algumas positivas e outras nem tanto. Um verdadeiro "cabo de guerra" de opiniões, onde não se sabe exatamente quem tem razão. Realmente, essa discussão "dá muito pano para manga" ...

Contudo, apesar de algumas deturpações em sua prática, é inegável constatar a importância fundamental do marketing. Deve ficar claro que o problema não está na ferramenta, mas, sim, em como ela é utilizada.

É também comum encontrar pessoas que percebem o marketing como uma ferramenta que visa vender para você o que você não precisa. Todavia, pensar somente dentro dessa perspectiva é diminuí-lo a uma versão simplista e demasiadamente míope. Assim como representa, em alguns casos, uma tentativa de retirar ou diminuir a responsabilidade, no processo de escolha, daqueles que optaram por dar continuidade ao ato da compra.

O marketing exige das pessoas envolvidas, de forma direta ou indireta, uma postura sempre atenta sobre os mais variados assuntos e áreas. Dessa maneira, pensar nele exclusivamente como um instrumento de vendas é como comprar um martelo e usar a parte de madeira para pregar o prego. Até funciona, mas é subutilizá-lo. Então, como poderíamos defini-lo?

Existem muitas definições disponíveis, entretanto, com o objetivo de falarmos a mesma língua, iremos utilizar como base conceitual para o livro a seguinte ideia.

Marketing é um processo que visa estimular e preservar a construção de um diálogo contínuo, útil e dinâmico com o mercado, que resulta na oferta de algo concreto e de valor reconhecido, cujas partes envolvidas obtenham algum tipo de ganho (financeiro ou não) que seja apreciado e percebido como justo.

Podemos, também, dizer que ele é uma "conversa", pois a base fundamental do marketing é a profunda compreensão sobre o seu público de interesse – parcela do mercado com a qual a empresa pretende estabelecer uma relação comercial e/ou informativa.

Assim como na vida, o verdadeiro conhecimento só é possível através de uma troca onde ambas as partes estão, de fato, interessadas em firmar uma relação. O diálogo é a ferramenta-chave para que ambas as partes possam compreender uma a outra.

Apesar do notório caráter comercial, para funcionar de maneira eficaz e eficiente, o marketing precisa estabelecer, gerenciar e preservar essa relação. É importante reforçar que esse não é um movimento unilateral, isto é, a empresa busca criar uma relação com o público de interesse, mas este precisa ter vontade e se sentir motivado para fazer parte da construção desse movimento.

Isso pode parecer óbvio, mas não é. É fácil achar empresas que entram no mercado sem ter conhecimento sobre ele. Somado a isso, acreditando que a comunicação é o elemento mais importante no processo, essas empresas ainda tentam "empurrar" os seus produtos e serviços para pessoas e empresas que: (i) não veem valor ou diferenciação no que está sendo oferecido, pois as suas questões não estão sendo resolvidas de forma adequada; e (ii) não se sentem privilegiadas, no sentido de que a empresa faz pouco ou nenhum esforço regular para entender e conhecer melhor os seus anseios e entregar algo que atenda às suas expectativas.

Não é à toa que muitas empresas mantêm relações comerciais cheias de conflitos e ruídos com o seu mercado, pois elas nascem, muitas vezes, de uma vontade unilateral de resolver, primeiramente, o seu problema: ganhar dinheiro.

Quando uma empresa esquece que o seu propósito de existência é servir o mercado e não se servir do mercado, ela perde o foco, força e admiração de seus clientes que acreditaram nela ao comprar e utilizar os seus produtos e serviços.

Dessa maneira, compreender é respeitar e honrar essa relação. Isso é feito, essencialmente, através do querer conhecer e dialogar, de forma genuína, com o público de interesse, assim como entregar o que é prometido e estar presente caso algo não funcione como o planejado ou anunciado.

O entendimento sobre essa dinâmica irá nortear uma parte importante das tomadas de decisão sobre as questões relacionadas a essa ferramenta e ao rumo do negócio de maneira geral. Inclusive referentes aos clientes em potencial e atuais, pois dependendo das escolhas e prioridades de uma empresa, o público pode não mais querer manter a sua relação com ela.

Logo, quando você pensar em marketing, primeiramente é preciso focar em:

1. Conhecer mais e melhor o público de interesse que você pretende atender.

2. Estudar como construir e manter uma relação comercialmente positiva e colaborativa com ele.

3. Entender como o seu produto ou serviço pode resolver, de forma significativa e diferenciada, um problema de seus clientes.

4. Compreender, principalmente, que a essência do marketing não é vender, mas, sim, conhecer.

Agora que estamos mais alinhados sobre o marketing, precisamos partir para uma outra questão: para que ele serve?

5.2 Para que serve o marketing?

Apesar do que já foi escrito nos parágrafos anteriores, é muito provável que a sua percepção sobre a utilidade do marketing esteja, fortemente, relacionada ao seu braço de vendas, no sentido de promover um determinado produto ou serviço. Sim, dentre as inúmeras ferramentas do marketing existem aquelas que irão se ocupar com as questões relacionadas especificamente com esse ponto.

É importante reforçar que a venda pode e deve ser considerada como sendo mais do que um objetivo, ela é um processo complexo onde uma das etapas é o momento de transação entre o que está sendo oferecido em troca de algum tipo de moeda – geralmente, mas não exclusivamente, dinheiro.

A complexidade do processo de vendas está no fato de que ele envolve uma série de variáveis que devem, necessariamente, ser estudadas e entendidas. É importante compreender que elas, provavelmente, serão percebidas e diferenciadas para cada parte que está envolvida no processo. Dessa maneira, o marketing deve buscar compreender quais são as variáveis relevantes, os motivos que as tornam relevantes e o quanto elas são relevantes para cada parcela do mercado com que a empresa pretende se relacionar.

Portanto, o marketing entra usando as suas ferramentas, e de outras áreas do saber, na busca pelo entendimento sobre a relevância, o peso e a relação entre essas variáveis no processo de tomada de decisão de seu público. Uma vez compreendida essa dinâmica, ele trabalha essas variáveis com o foco de alcançar o objetivo previamente planejado.

5.3 Quais variáveis são relevantes para o mercado?

Como cada mercado possui dinâmicas particulares, é necessário conhecer, de maneira profunda, quais variáveis são importantes para o público de interesse com o qual a empresa deseja iniciar, manter e estreitar um relacionamento saudável. Dessa forma, o foco é conhecer, estudar e se aprofundar nas questões de seu mercado em questão.

Apesar das particularidades de cada mercado, podemos dizer que existem algumas variáveis que são comuns a vários deles. São elas:

1. As questões relacionadas ao produto.

2. As questões relacionadas ao preço.

3. As questões relacionadas à comunicação.

4. As questões relacionadas à distribuição.

5. As questões relacionadas à concorrência.

6. As questões relacionadas aos consumidores: fundamentais no processo como um todo.

Como já deve estar claro, quem irá influenciar, de forma mais acentuada, o seu processo de decisão são as pessoas que representam a essência do seu mercado: os consumidores.

É importante fazer uma breve pausa e reforçar que existe uma diferença entre servir e se submeter ao mercado em nossa perspectiva. Enquanto a segunda postura passa uma ideia mais passiva, a primeira pode ser feita em sua plenitude, preservando a identidade, essência e personalidade da empresa. Obviamente, é isso que nos interessa: sermos úteis no sentido de servir algo ao mercado que resolva uma questão importante para ele, porém mantendo a nossa "cara" ao longo de todo o processo. Em muitas ocasiões, são essas características que irão ajudar para que tenhamos uma posição de maior destaque e relevância no mercado.

5.3.1 Como isso é possível?

Em um mercado com condições competitivas normais, a nossa fonte de receita mais valiosa, em geral, são os clientes. Não somente por questões financeiras, mas, principalmente, pelas questões de base de conhecimento para nos auxiliar no processo de tomada de decisão. Isto é, a construção de nosso negócio deve estar pautada na perspectiva deles, sobre o que tem ou não valor. Esse é o norte de nossa bússola.

É evidente que essas questões podem e devem levar a uma reflexão mais profunda sobre o que é valor, como já tratamos no capítulo sobre economia. Ela é interessante e essencial. Porém, como estamos falando de forma mais abrangente, recomendamos que você se aprofunde nela levando em consideração o seu mercado e suas especificidades. Entretanto, como empresários, precisamos compreender que a nossa empresa tem valor quando o mercado a percebe como sendo geradora de valor. Mais uma vez, isso parece óbvio, mas não é.

Muitos dos negócios são construídos levando-se em consideração, primordialmente, as perspectivas de seus fundadores. Esse fato isolado não é, necessariamente, nem positivo nem negativo. O encontro e o alinhamento de perspectivas é que dirão ou tornarão evidente se, de fato, existe valor sendo gerado e, o mais importante, se ele é percebido e apreciado pelo mercado.

Esse é um momento em que muitos empreendedores deparam com uma realidade dura: o que eles acreditam ser e ter muito valor não é recebido e compreendido da mesma forma pelo mercado. Menos incomum ainda é, a partir dessa informação, os donos de negócios transferirem a responsabilidade por esse resultado como sendo somente consequência de uma comunicação ruim, insuficiente ou inexistente. Uma situação muito delicada e, potencialmente, de grande valor para o empreendedor, pois ele pode: (i) aproveitar o *feedback* e fazer as mudanças necessárias para o alinhamento com o que o mercado está dizendo para ele; ou (ii) investir mais maciçamente na comunicação, acreditando como sendo a solução dos problemas.

É importante reforçar que não estamos dizendo que comunicar não é importante, muito pelo contrário: é essencial. O que deve ser assimilado é: produtos que realmente geram valor "aos olhos do mercado" são aqueles que efetivamente conseguem ser percebidos e apreciados pelos consumidores. Esses têm maior chance de ganhar notoriedade de forma mais orgânica. Ou seja, como são dignos de nota, necessitam de um aporte financeiro relativamente menor na comunicação paga.

Fica evidente aqui que a essência do marketing, como falamos anteriormente, está no conhecimento do nosso público de interesse. Além disso, entender como, e em que grau, essas seis variáveis influenciam, de maneira direta ou indireta, o nosso negócio.

Voltando à nossa questão "Para que o serve o marketing?", essa resposta deve ir além da perspectiva de vender mais. Deve avançar e progredir para o contínuo aprofundamento das questões do mercado e como, dentro do ponto de vista da empresa, pode ser oferecido um produto que, de maneira diferenciada, vá ao encontro do que o mercado quer e solucione, de verdade e da melhor maneira possível, o que precisa ser resolvido. No português claro, que ele, o consumidor, chegue à conclusão de que fez um excelente negócio, tanto no aspecto emocional quanto no racional.

Isso nos leva a terceira pergunta: como fazer isso?

5.4 Como fazer isso?

Enumeramos as variáveis que, possivelmente, estão presentes e exercem influências nos mais diversos mercados. Agora, é preciso saber como utilizá-las em seu negócio. Para isso, precisamos considerá-las em, pelo menos, duas formas: (i) entender o funcionamento de cada uma delas; e (ii) compreender como elas interagem entre si.

5.5 Entendendo as partes

É importante reforçar que cada uma delas poderia ser explicada não apenas em um livro, mas sim em vários! Por isso, recomendamos que seja feito um aprofundamento sobre elas, para que o seu processo de tomada de decisão se torne ainda mais lúcido, firme, coerente e em sintonia com realidade de seu negócio. Feita essa observação, começaremos com as questões relacionadas ao produto.

Dissemos anteriormente que a construção de nosso produto (que também pode ser interpretado como uma proposta de solução) precisa levar em consideração a percepção do mercado com o qual queremos interagir e nos relacionar. Logo, incluir os nossos clientes atuais e clientes em potencial no processo de desenvolvimento é uma atitude bem pertinente. Quando dissemos incluir, estamos recomendando que eles estejam, em alguns casos, presentes desde os momentos mais embrionários. Para alguns, isso pode parecer um pouco contraintuitivo, pois o modelo clássico segue, de maneira geral, as seguintes etapas: ter a ideia, tirá-la do papel, desenvolvê-la, investir em promovê-la e levá-la até os consumidores.

O problema dessa dinâmica está no fato de que é preciso dar muitos passos (tempo, dinheiro, contatos e diversos outros tipos de investimentos) antes de termos uma ideia real e concreta sobre a aceitação de nossa proposta de solução. Ou seja, nessa abordagem, só iremos descobrir se o nosso produto, de fato, está alinhado de forma plena e diferenciada com o mercado muito lá na frente... Isso, sem sombra de dúvida, aumenta muito o risco, pois teremos investido, minimamente, dinheiro e tempo.

Então, a recomendação de incluir os clientes o máximo possível deve ser levada em consideração no desenvolvimento de sua solução, pois a resposta contínua deles ajudará a sua empresa a implementar as alterações e os ajustes necessários para que o produto resulte em uma oferta mais alinhada e diferenciada dos demais competidores.

5.5.1 Questões relacionadas ao produto

Este é um momento oportuno para aprofundarmos e ampliarmos o conceito, já estudado anteriormente no Capítulo 2, de que o produto é sinônimo de algo físico.

Para facilitar a assimilação, vamos buscar auxílio nos conceitos de gênero e espécie da Biologia. O termo *produto* pode ser mais bem assimilado como gênero, enquanto bens físicos e serviços podem ser entendidos como espécies.

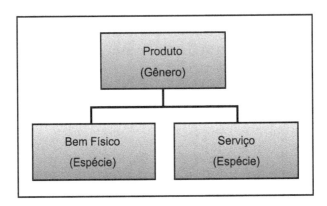

Bem físico é o que muitos entendem como produto. Porém, seguindo a linha inicial de raciocínio, ele é um tipo particular (espécie) de produto que possui características concretas e palpáveis, enquanto o serviço é uma espécie de produto que possui características abstratas e impalpáveis.

Logo, quando estamos trabalhando a variável "produto", procuramos, na realidade, ajustar e refinar essas espécies que podem ou não ser utilizadas juntas. Essa é uma decisão estratégica que deve ser avaliada e elaborada, com o intuito de fortalecer e criar uma distinção positiva entre o seu produto e os demais do seu mercado de atuação.

Ao se falar de bem físico, características como, por exemplo, material, cor, *design*, durabilidade, tamanho e peso são contempladas, estudadas e trabalhadas para que ele, ao se tornar uma solução tangível, esteja alinhado com os anseios do mercado.

Já o serviço, correspondente parcial e abstrato do bem físico, pode ser compreendido como processos interativos que não culminam, em geral, na posse do resultado. Como assim?

Para que essa questão seja mais bem entendida, vamos fazer um comparativo, destacando as especificidades de cada um deles.

O bem físico segue basicamente as seguintes etapas:

Dinâmica de Funcionamento do Bem Físico

- Etapa 1: Criação.

- Etapa 2: Desenvolvimento/ Produção.

- Etapa 3: Distribuição.

- Etapa 4: Venda.

- Etapa 5: Posse, armazenamento e utilização do cliente.

Obs.: Quem produz o bem físico tem mais sob seu controle as variáveis que influenciam no seu resultado que o serviço. Entraremos em detalhe na sequência.

Os serviços seguem uma lógica de funcionamento diferente dos bens físicos. Existem particularidades fundamentais que devem ser levadas em consideração:

Dinâmica de Funcionamento do Serviço

1. Existe uma espécie de "fusão" entre as etapas.

2. Cliente tem participação ativa na sua construção.

3. É entregue e consumido simultaneamente à sua produção.

4. Resultado final é impalpável. Não pode ser levado para casa, guardado e utilizado em um outro momento.

5. Pode ser compreendido como um "desempenho", estando mais suscetível a variações e oscilações em seu resultado.

Pensar no produto é levar em consideração todas essas questões, dos fatores mais simples aos mais complexos, e trabalhá-las com o intuito que o resultado final seja apreciado e percebido como sendo algo de grande valor para os consumidores. Mais uma vez, vale reforçar que trazer os clientes para participar do processo de desenvolvimento do produto é bastante recomendado.

5.5.2 Questões relacionadas ao preço

Como já vimos no Capítulo 4, falar sobre preço é algo que, muitas vezes, é tido como uma questão sensível, pois, aparentemente, o mercado dá a palavra final, deixando a empresa sem muitas opções a não ser adotar a mesma linha de raciocínio do mercado: estabelecer a margem mais alta possível que os clientes estejam "dispostos" a pagar.

Apesar do discurso contrário de inúmeras empresas, essa estratégia muitas vezes é adotada, pois o foco da construção do preço está muito mais baseado na perspectiva da organização do que a do cliente. O que queremos dizer com isso?

Simplificando o caminho, a empresa cria, desenvolve, constrói, promove e distribui o seu produto. Essa lógica implica inúmeros investimentos iniciais altos – isto é, custos. Como consequência, o ponto de partida do valor-base para adicionar a margem que a empresa quer ou gostaria de ter já parte de um patamar que, muitas vezes, está desalinhado, desde o princípio, com as expectativas e percepções do mercado. Esse desencontro aumenta consideravelmente os desafios que a empresa enfrentará caso não busque uma rota alternativa.

Um caminho viável para procurar diminuir esse hiato é iniciar o processo levando-se em consideração a perspectiva do cliente e o que ele compreende como valor. A partir desse entendimento, a empresa foca, primariamente, em criar e entregar o que o mercado entende como valor e assim capitalizar em cima dessa percepção. Ou seja, a abordagem estratégica é construída e orientada para aumentar o valor entregue. Para isso, a empresa precisa focar em oferecer algo que, de fato, seja percebido e apreciado como tal, para, então, estabelecer um preço que os clientes achem justo e que para a organização seja um bom negócio.

Um caminho a ser levado em consideração na análise das questões de preço passa pela (i) criação de um produto de valor reconhecido pelo mercado; e (ii) a compreensão sobre a empresa ter as capacidades, recursos e estrutura para oferecer esse produto de valor e capitalizar em cima desse diferencial. Falando de forma bem direta: quando o valor não é percebido nem apreciado, o mercado entende que o número de opções é alto. Logo, ele não consegue compreender a proposta de valor de seu produto e a sua empresa terá dificuldade em justificar o seu preço. Dessa dinâmica, existe uma forte possibilidade de que, para se manter "competitivo", o seu preço será empurrado para baixo, diminuindo cada vez mais a sua receita, e caso não seja possível que os custos acompanhem, mantendo a relação de proporção do movimento, a sua lucratividade irá cair. Então, antes de pensar em números, pense se você consegue entregar algo de valor.

5.5.3 Questões relacionadas à comunicação

Existem diversas formas de abordar esse tema. Uma delas é pensar na comunicação sob dois aspectos: (i) promessa; e (ii) posicionamento. É possível comunicar-se sem fazer uma promessa. Entretanto, quando estamos falando do universo de empresa, mercado e clientes, a comunicação passa a desempenhar, geralmente, um papel que se assemelha e tem características de uma promessa, pois existe uma motivação por parte da organização de que o mercado compreenda que aquilo que ela está apresentando, oferecendo, compartilhando e vendendo irá trazer ganhos para os seus consumidores.

Como vivemos em um mundo muito barulhento, no sentido de que estamos todos falando ao mesmo tempo, fica difícil para uma empresa ser ouvida se ela não traz em sua comunicação algum tipo de "seguro" e algo que a destaque em seu discurso. Isto é, com o intuito de passar para as pessoas que a sua solução é diferente, valiosa e ultrapassar o barulhento mundo em que vivemos, ela constrói e se utiliza de um discurso onde promessas são feitas em uma tentativa de convencer o mercado de que, dentre todas as opções disponíveis, ela possui a melhor solução.

É evidente que encontramos algumas empresas que não honram as suas promessas, ou seja, não existe contrapartida concreta para sustentar o seu discurso. Isso é muito comum em mercados onde a concorrência não é perfeita e possui estruturas monopolizantes, por exemplo. Dessa postura, inúmeros problemas emergem para ambos os lados (empresa e público de interesse) e, infelizmente, ajuda a cimentar uma percepção negativa sobre o marketing. Entretanto, é importante reforçar que ele é neutro. Dessa forma, o seu uso é responsabilidade das pessoas e empresas que o utilizam.

Falamos de uma situação extrema, onde o que foi prometido não foi entregue. Agora, existem situações intermediárias, onde a promessa e a entrega estão relativamente desalinhadas. Isso acontece, em alguns casos, pois a vontade da empresa de ter algum destaque pode dar margem ao desenvolvimento de uma promessa que coloca o seu produto sobre a "melhor luz possível". Essa estratégia, apesar de ser interpretada por algumas empresas como fazendo parte do jogo, pode levar a sérias consequências, pois o número de opções é cada vez maior e os consumidores estão muito mais atentos, em todos os sentidos e níveis, sobre o que é valor e como devem ser tratados. E tão importante quanto esses pontos – se não mais – é a base que constrói uma marca de "verdade": ter uma relação transparente e respeitosa com o seu público. Sempre.

Como já ficou evidenciado, o próprio ato de fazer uma promessa é, também, a consolidação de um posicionamento. Ou seja, ao se comunicar, você está se posicionando. A pergunta que fica é: como você quer que o mercado o perceba? Isso será mais detalhado no próximo capítulo.

5.5.4 Questões relacionadas à distribuição

Quando falamos sobre distribuição, é preciso deixar claro que esse conceito engloba mais do que apenas distribuir um produto. Uma maneira de compreendermos um pouco melhor a sua abrangência é saber sobre a sua relação com a Logística. Assim como utilizamos, nas questões sobre o produto, os conceitos de gênero e espécie, podemos considerar a distribuição uma espécie da Logística.

Quando pensamos sobre essa questão, estamos de uma forma mais ampla falando nas questões de transporte, armazenamento e distribuição.

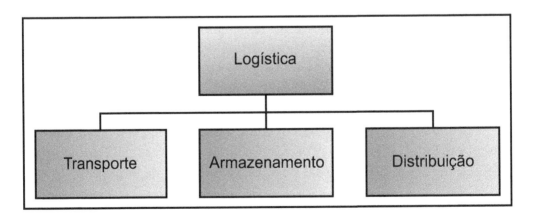

Mais uma vez, fazemos a ressalva de que pensar em sua solução sob a perspectiva do modelo "clássico" – da empresa para o mercado e não do mercado para empresa – é uma escolha que pode trazer sérios problemas, pois pode haver um desalinhamento com as preferências do seu mercado, assim como a empresa pode deixar de perceber uma nova oportunidade para repensar a forma pela qual ela desempenha essas atividades, perdendo assim uma chance de criar ainda mais valor.

É importante saber disso, pois quando falamos na criação, geração de valor e inovação de forma geral, é de praxe as empresas pensarem, primariamente, em seus produtos. Fazer inovações nos produtos é interessante sempre, contanto que elas estejam alinhadas e sejam validadas pelo seu mercado. Porém, a inovação pode vir de outros pontos do negócio.

Dessa forma, uma distribuição inovadora ou pensada de uma perspectiva diferenciada pode ser um pilar importante na construção e manutenção de um modelo de negócio que gere valor para o mercado e, consequentemente, possa ser capitalizado pela empresa.

5.5.5 Questões relacionadas à concorrência

Até agora mencionamos as questões de que, de certa forma, a empresa possui um grau relativo de controle. Entretanto, quando estamos falando sobre a concorrência (como já detalhada no capítulo sobre economia), o nosso poder de influência sobre essa questão é relativamente pequeno e, em alguns casos, praticamente nulo.

Essa competitividade torna o mercado um local bem complexo. Porém, as dinâmicas que decorrem dessas rivalidades não são, necessariamente, positivas somente para os compradores, mas também para o próprio amadurecimento e evolução do mercado, que vem se aprimorando continuamente e encontrando novas formas de resolver as suas questões, de maneira cada vez melhor e mais eficiente.

Dentro dessa perspectiva, olhar para a concorrência como uma espécie de escola é bastante útil. Novamente, algo que parece bastante simples e óbvio, mas não está presente, de forma regular, ainda, em muitas empresas: mapear e conhecer a concorrência é um hábito fundamental para que possamos tomar decisões melhores e direcionar o negócio de forma mais coerente e em sintonia com as preferências do mercado.

Podemos fazer o mapeamento analisando uma série de fatores. Um deles é mapeamento por solução. Isto é, buscar empresas concorrentes que, assim como nós, estão procurando resolver problemas iguais ou similares aos dos nossos clientes. Essa forma de análise um pouco mais ampla ajuda-nos a pensar mais em sintonia com a perspectiva do público de interesse, que está, em parte, mais interessado nas soluções oferecidas pelos produtos do que nos produtos em si.

Assim como trabalhamos as questões sobre o produto, o preço, a comunicação e a distribuição, os nossos concorrentes também o fazem. Podemos ter um poder de influência muito baixo sobre esses pontos na concorrência. Porém, podemos aprender com as suas melhores práticas e insucessos.

5.6 Hora da mixagem

Uma vez que falamos sobre algumas das variáveis que influenciam o mercado, mesmo que em graus diferenciados, devemos agora pensar em como essas variáveis trabalham juntas. Um modo de olhar atentamente para esse ponto é pensarmos nelas como diferentes sinais em seus respectivos canais numa mesa de som.

Como já deve estar claro, cada mercado possui inúmeras questões particulares. Dessa maneira, assim como no *mixer*, é preciso equalizar, ajustar volume, timbres e outros parâmetros sonoros, com o intuito de que o resultado seja apenas uma saída coerente e adequada aos padrões da Indústria da Música. As variáveis que discutimos passam pelo mesmo processo.

Como trabalhar nelas é uma questão que só pode ser respondida pelo seu mercado em particular, faz sentido retomarmos aqui um dos pilares mais importantes do marketing: a sua essência não está na venda, mas no profundo conhecimento de seus consumidores.

6

Marketing das Artes

"Você é assim
Um sonho pra mim
E quando eu não te vejo
Eu penso em você
Desde o amanhecer
Até quando eu me deito"

(Velha infância, Arnaldo Antunes, Carlinhos Brown,
Davi Morais, Marisa Monte, Pedro Baby)

6.1 Introdução

Ao contrário do que se pode pensar, a ciência do marketing não tem a pretensão de escolher um lado ou defender uma ideia em detrimento de outra. Como já vimos antes, o marketing na sua essência é neutro. A pessoa ou empresa irá utilizar as ferramentas do marketing de acordo com seus interesses, para que os defenda e os reforce. Usar o marketing não tem absolutamente nenhuma ligação com o jargão de "se vender ao mercado", que é uma visão superficial, muito perigosa e estreita.

Este capítulo é dedicado a mostrar a aplicação do marketing tradicional ao mercado das artes, além de detalhar sua funcionalidade para uma correta e eficiente aplicação no mercado da música.

6.1.1 Diferenças

Como pudemos constatar, o marketing é uma ferramenta valiosíssima em qualquer empreendimento, seja ele artístico ou não.

Porém, quando se trabalha com um produto sem vida, como um sabão em pó ou refrigerante, o profissional de marketing e a empresa "criam" a personalidade daquele produto, serviço ou marca. Dessa forma, o refrigerante, por exemplo, se torna *jovem* e *rebelde*; o sabão em pó se torna *inteligente*.

O produto artístico ou cultural é diferente do produto não artístico, uma vez que, normalmente, é dotado de personalidade própria, isto é, de um conjunto de valores e características subjetivas preexistentes. Nesse ponto, se faz importante saber que o termo *subjetivo* se refere às características de um sujeito, observadas de *seu* ponto de vista, ou seja, inerentes e internas.

Na verdade, o marketing das artes trabalha na *adaptação* do produto artístico ao mercado-alvo. É uma ligação que se dá no plano subjetivo entre o produto artístico e o consumidor, podendo-se dizer que é quase uma "conexão de alma para alma".

No caso do produto não artístico, procura-se a criação de um elo num nível emocional, que tende a ser muito mais duradouro que o elo funcional,[1] isto é, os laços emocionais e afetivos desenvolvidos na relação produto-consumidor fazem com que o ciclo de vida do produto e/ou serviço seja maior.

Tendo em mente essa *subjetividade* do produto artístico ou cultural, o mercado de entretenimento como um todo desenvolveu uma adaptação do marketing tradicional para o segmento das artes, surgindo, no final do séc. XX, principalmente nos Estados Unidos, o chamado *Arts Marketing* (Marketing das Artes).

6.1.2 Fases de evolução do marketing

Mesmo já tendo estudado o tópico *marketing* de uma forma resumida, para o estudo do marketing das artes é necessária a compreensão da evolução das orientações dadas pela aplicação do marketing aos interesses da pessoa física ou jurídica.

---

[1] O aspecto funcional diz respeito à utilidade do produto, à sua função principal, e não à sua estética.

A primeira fase foi orientada à produção, que, segundo Kotler, "assume que os consumidores darão preferência aos produtos que estiverem amplamente disponíveis e forem de preço baixo. Os gerentes de organizações orientadas para a produção concentram-se em atingir eficiência de produção elevada e distribuição ampla". Nessa fase, o que importa é a filosofia de aumentar a produção para baixar o preço, ganhando-se maior participação no mercado. Essa filosofia foi amplamente praticada por Henry Ford, um dos pioneiros da produção em massa e das linhas de montagem.

A segunda fase foi orientada ao produto, onde se inseriu o fator *qualidade* como item diferenciador entre produtos concorrentes. Dessa forma, os gerentes das organizações assumem a posição de que os consumidores se importam fundamentalmente com a qualidade superior do produto. Nesse cenário, é comum que tais gerentes tenham "um caso amoroso com o produto e não percebem que o mercado possa estar menos interessado pelo mesmo".

A terceira fase se orientou às vendas, assumindo que o consumidor não possui uma vontade própria suficiente para comprar os produtos da empresa, fazendo-se necessário empregar um esforço para vendê-los. É nessa fase que o marketing começa a fazer uso de técnicas mais agressivas de comunicação, como a mala direta e o telemarketing.

A quarta fase foi a orientação de marketing propriamente dita, que, segundo Kotler, "assume que a chave para atingir as metas organizacionais consiste em ser mais eficaz que os concorrentes para integrar as atividades de marketing, satisfazendo, assim, necessidades e desejos dos mercados-alvos". Assim, essa última orientação objetiva-se pelo foco nas necessidades do comprador, ao invés das demais, que se focalizam nas necessidades do vendedor.

De maneira geral, essas quatro orientações coexistem simultaneamente no mundo atual, cabendo a cada empresa ou pessoa escolher a orientação que mais vai ao encontro de seus interesses.

6.1.3 Responsabilidade social

Observando-se esse cenário multiorientado de maneira global, percebe-se que determinadas empresas e pessoas ultrapassaram o limite do razoável em termos de concorrência, fazendo uso de ferramentas pouco louváveis para atingir seus objetivos, como o uso de trabalho escravo e infantil, inobservância de direitos humanos, desmatamento, poluição e sonegação fiscal.

Somente o balanço patrimonial com lucros ascendentes já não era mais suficiente. Foi criado, então, o conceito de balanço social, que deveria ser observado principalmente pelas grandes corporações, traduzindo-se no resultado social e ambiental positivo produzido pela corporação.

Essa quinta orientação de mercado – marketing social – serviu de limite para a utilização de ferramentas inidôneas e dotadas de pouco senso ético. Em pouco tempo, o consumidor percebeu que um produto não devia apenas suprir suas necessidades, mas também o fazer de uma forma que não prejudicasse tanto, socioambientalmente, o planeta.

A responsabilidade social fez com que diversas corporações começassem a financiar projetos sociais, culturais e ambientais, algumas até mesmo instituindo suas próprias ações, com o objetivo de trazer um equilíbrio entre o resultado financeiro e sua imagem perante a sociedade.

Por isso, fica claro o motivo do financiamento que é feito hoje em dia para as atividades culturais. Lembramos por fim que as responsabilidades social, ambiental, econômica e cultural formam os quatro pilares da tão festejada sustentabilidade.

6.2 Marketing das artes X marketing cultural

Precisamos diferenciar o marketing das artes do marketing cultural, que, apesar de parecerem sinônimos, não o são.

Marketing das artes, de uma forma global, é uma variação do marketing tradicional com o objetivo de incluir a personalidade preexistente do produto cultural no estudo de viabilidade. É a adaptação das ferramentas do marketing para utilização nas relações das artes com seu público-alvo, aumentando o diálogo entre as partes envolvidas, trazendo mais força para as organizações artísticas[2] e unindo cada vez mais as artes com seu público.[3]

Por sua vez, o marketing cultural tem sua aplicação estritamente relacionada à utilização de publicidade mediante a aproximação de marcas subjeti-

---

[2] Disponível em: <www.artsmarketing.org>.

[3] Disponível em: <www.a-m-a.co.uk>.

vamente identificadas, principalmente através da utilização de patrocínios e leis de incentivo à cultura.

Uma definição interessante de marketing cultural é "toda ação de marketing que usa a cultura como veículo de comunicação para se difundir o nome, produto ou fixar imagem de uma empresa patrocinadora".[4]

Por sua vez, como nota Ana Carla Reis, segundo recentes pesquisas, essas ações têm atualmente os seguintes objetivos, em ordem decrescente de importância, na visão das empresas:

1. Ganho de imagem institucional.

2. Agregação de valor à marca.

3. Reforço do papel social da empresa.

4. Benefícios fiscais.

5. Retorno de mídia.

6. Aproximação do público-alvo.

Tendo em vista que o escopo do marketing cultural é distinto do marketing aplicado às artes propriamente dito, nos reportamos aos competentes estudos existentes no Brasil, atendo-nos apenas ao marketing das artes.

6.3 Marketing das artes

6.3.1 Introdução

Com o histórico da evolução da música, que já estudamos, chegou-se a um ponto onde o artista e o empreendedor do mercado artístico tiveram que organizar sua carreira e negócio de forma a poderem ocupar um lugar efetivo no mercado.

Em outras palavras, a concorrência no mercado das artes levou à necessidade de profissionalização para a sobrevivência. Por isso, os empreendedores do mercado, resolveram dar um *upgrade* em sua visão comercial, aprendendo a utilizar a ciência do marketing.

---

[4] Disponível em: <www.marketingcultural.com.br>.

6.3.2 O produto cultural ou artístico

Estudamos a participação de vários atores na cadeia produtiva do mercado de música, com diferentes funções. No entanto, é para a fase de produção que devemos agora dirigir a atenção. O produto cultural, na visão de Denise Grimming, pode ser assim classificado:[5]

- **obra**: CD, DVD, vídeo, livro etc.;

- **artista**: intérprete, músico, autor etc.;

- **evento**: apresentação, *show*, performance etc.;

- **local**: casa de *show*, clube, *boite*, *nightclub*, *lounge* etc.

Os produtos podem ser conjugados entre si para a criação de diversos tipos de produtos derivados, como, por exemplo, a obra de um artista.[6] Cada produto, pela sua natureza artística, leva em si maior ou menor carga subjetiva, que devemos analisar com muito cuidado em cada caso.

Antes de mais nada, convém relembrar o que é a subjetividade em questão, sendo simples e direta sua definição: é o conjunto de características do sujeito que traçam sua personalidade, sua identidade.

Podemos exemplificar: uma obra pode ser alegre e outra melancólica; um artista pode ser rebelde e enérgico, enquanto outro conservador e calmo; um evento pode ser jovem enquanto outro pode transmitir simpatia ou antipatia; um local pode dar a sensação de leveza e outro de charme. Via de regra, o produto cultural é trabalhado *a partir dessas características*.

No caso de produto não artístico, como um *shampoo*, não há um perfil subjetivo, pois o *shampoo* não é alegre, não é simpático, não é rebelde (os cabelos podem até ser). Dessa forma, cabe aos profissionais da área de marketing criar essa identidade, pois ela não existe. Muitas vezes, essa criação é feita através de associações de conceitos.

---

[5] Há diversas outras classificações propostas por outros profissionais, mas cremos ser essa a mais didática no caso da música.

[6] Definidas no sentido como agora classificamos, e não como termos técnicos do Direito Autoral.

6.3.3 Perfil subjetivo ou identidade do produto cultural ou artístico

O delineamento do perfil subjetivo do produto cultural é essencial para a utilização correta do marketing das artes. Esse perfil pode ser identificado como o conjunto de características intrínsecas do produto cultural. A soma dessas características é a identidade do produto, que, de acordo com a quantidade de características, tornará essa identidade mais simples ou mais complexa.

Vejamos dois exemplos hipotéticos: o artista A e o artista B. Digamos que o artista A seja animado e o artista B seja intimista, sofisticado e conservador. Já se pode notar com clareza a diferença entre os dois. O artista A tem um perfil subjetivo simples, pois sua única característica é a animação, enquanto o artista B tem um perfil mais complexo, traduzido em três características.

É importante notar que, nem sempre, a identidade do produto cultural é percebida da forma "correta", ou seja, muitas vezes, a imagem não corresponde à identidade, em consequência de uma comunicação imprecisa.

6.3.4 Identidade e imagem do produto artístico

Na maioria das vezes o produto artístico é uma extensão das emoções, dos valores e do estilo de vida de um ser humano, já trazendo consigo diversas particularidades. A todos esses atributos intrínsecos e preexistentes chamamos de identidade. A identidade se diferencia da imagem, a qual se subdivide em imagem desejada e imagem percebida. Vale a pena frisar que o termo *imagem* não é utilizado apenas no sentido visual, mas como um somatório dos aspectos visuais, sonoros e do conteúdo do produto artístico. Todos precisam estar em harmonia para serem efetivamente compreendidos pelo público-alvo.

Utilizando o marketing das artes, podemos escolher determinados atributos da *identidade* para serem ressaltados na comunicação direcionada ao público-alvo. Esses atributos escolhidos constituem a *imagem desejada*, isto é, aquilo que realmente queremos que o público-alvo entenda, para que seja criada uma conexão, um vínculo.

Nem sempre a *imagem desejada* é corretamente percebida pelo público-alvo. Se a comunicação é feita com o mínimo possível de interferência, a *imagem percebida* conseguirá ser a mesma que a *imagem desejada*. Parece muito simples, mas, na prática, esse é um dos maiores desafios do mercado artístico. Por isso, recomendamos o uso da ferramenta do marketing das artes em conjunto com o marketing tradicional.

Exemplificando, um cantor pode ser sofisticado, mas utiliza roupas tidas como bregas. Assim, apesar da sua *imagem desejada*, o público não conseguirá perceber essa sofisticação, por causa do erro na escolha do figurino, causando uma *imagem percebida* diferente da pretendida.

Então, é de extrema importância que a estratégia utilizada para transmitir a identidade seja muito bem escolhida, de modo que a *imagem desejada* se encaixe com a *imagem percebida*. No caso do exemplo acima, a *imagem desejada* é a de sofisticação, devendo ser adotada uma estratégia de comunicação que efetivamente faça o público perceber corretamente a *imagem desejada*. Nesse estágio é atingido o ponto de equilíbrio entre imagem e identidade. Ao contrário do esforço de *criação* do marketing tradicional, com o marketing das artes se consegue efetivamente a *adequação* do produto artístico ao mercado.

No caso específico de um artista, é preciso que haja coerência nas ações pessoais e na sua comunicação, para que seu ciclo de vida seja mais longo. Sempre que houver uma necessidade de mudança da imagem desejada em decorrência de uma vontade do artista, é necessária a realização de um novo estudo para definir os novos atributos a serem evidenciados e comunicados.

Se isso é feito abruptamente, existe o grande risco de que o público-alvo simplesmente descarte aquele artista, uma vez que essa atitude poderá romper os vínculos antes estabelecidos. A construção do vínculo produto artístico-consumidor é, muitas vezes, um processo demorado e caro, e, por um descuido, pode ser colocado em ameaça.

Identidade	Todos os atributos do sujeito.
Imagem desejada	Conjunto de atributos escolhidos para serem ressaltados.
Imagem percebida	Conjunto de atributos ressaltados que foram integralmente compreendidos pelo consumidor.

6.3.5 Esforço

O produto artístico pode ter vários níveis de complexidade subjetiva, isto é, pode ter uma imagem desejada caracterizada apenas por um conceito (simples) ou por vários (complexa).

O que se pretende mostrar é que, quanto maior for a complexidade subjetiva, maior será o esforço de transmitir com integridade essa imagem desejada para o público-alvo, sem que haja interferências na comunicação.

Um artista alegre (imagem desejada simples) não necessita de grande esforço para que o público perceba essa característica. Nesse caso, o esforço para o posicionamento do artista no mercado é relativamente pequeno, o que vai se traduzir em menores custos de divulgação e comunicação, ou seja, menos dinheiro investido.

Já um artista sofisticado, conservador, intimista, intelectual e erudito deverá ter muito cuidado em sua comunicação, para que cada característica de sua imagem desejada seja corretamente percebida. Pela maior complexidade subjetiva (imagem desejada complexa), terá um esforço igualmente maior para que a imagem desejada seja a imagem percebida, o que se refletirá num maior investimento de recursos financeiros e de tempo.

Devemos lembrar que, na prática do mercado, qualquer que seja a complexidade subjetiva do produto cultural, haverá a necessidade de um investimento financeiro considerável, que aumentará de acordo com sua complexidade.

6.3.6 Posicionamento do produto artístico ou cultural

Para facilitar o entendimento do conceito de posicionamento dentro do segmento da música, vamos analisar dois critérios que um produto musical pode ter: o subjetivo e o objetivo. A compreensão desses critérios possibilita que o seu trabalho seja percebido, ou posicionado, de forma a atingir adequadamente o seu público-alvo, gerando maior identificação entre o produto musical e o público-alvo.

O critério *subjetivo* está relacionado à identidade do produto artístico. Já o critério *objetivo* está relacionado à imagem de um produto artístico. A imagem é uma característica exterior e pode ser compreendida como a forma pela qual o público-alvo percebe, de maneira concreta, a identidade do produto artístico.

O profissional da música deve estar sempre alerta para que a identidade proposta esteja em plena sintonia com a imagem percebida pelo público. Se não houver esse equilíbrio entre identidade e imagem, o artista poderá não gerar um vínculo consistente com seu mercado-alvo. Isso, possivelmente, acarretará um enfraquecimento de seu produto artístico e da sua marca como um todo.

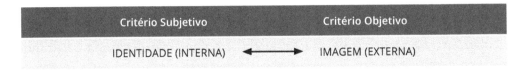

Quanto maior for o grau de subjetividade de uma obra, maior será o esforço para aproximação e compreensão da obra artística pelo ouvinte. Quanto menor for esse grau, maior será a quantidade de ouvintes *inicialmente* alcançada. Isso acontece porque o artista utiliza-se de uma visão muito particular que, não necessariamente, é entendida, em um primeiro momento, pelo público em geral. Por isso, muitas vezes, é necessária uma exposição "explicativa" e prolongada para que as pessoas absorvam, compreendam e admirem os símbolos utilizados.

Em poucas palavras, o critério subjetivo diz respeito a todo universo intrínseco que envolve o artista ou produto artístico.

O critério *objetivo* é como o público enxerga, efetivamente, o profissional da música ou seu produto artístico. Dessa maneira, está intimamente ligado ao público-alvo e a como ele absorve a identidade proposta pelo artista. É, de fato, a imagem que as pessoas têm de um determinado produto cultural.

Uma exemplificação prática: imaginemos que um certo estilo musical esteja em voga no momento e determinado artista resolva usar aspectos desse estilo em sua música, com o objetivo de facilitar a aceitação. Nesse caso, a utilização de um produto artístico com um alto grau de objetividade facilita o entendimento e identificação por parte do público. Isso pode trazer como consequência uma maior exposição do profissional da música e seu trabalho.

Lembramos que essa classificação é uma forma didática para desenvolvermos o raciocínio e a interpretação necessários ao entendimento do mercado de música. Não se trata em nenhum momento de fazer distinção qualitativa de um artista para outro, vez que o ditado é conhecido: "gosto não se discute".

6.3.7 Atingindo o resultado

Fazer com que o público-alvo entenda o perfil subjetivo do produto artístico potencializa a possibilidade de atingir os resultados pretendidos. Isso se realiza através de uma estratégia que consiga efetivamente fazer com que a imagem percebida esteja em sintonia com a imagem desejada.

Figura: Alinhamento de perfis subjetivos.

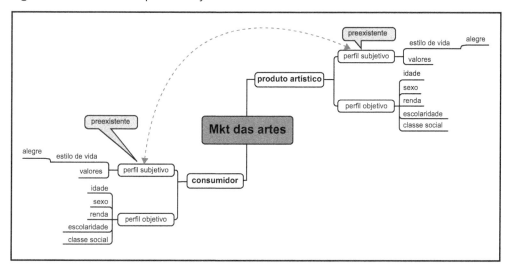

Fonte: Os Autores.

Quando essa conexão é estabelecida, cria-se um vínculo extremamente forte de satisfação e fidelidade. É como um casamento que dá certo. Esse é um dos grandes segredos das grandes marcas.

No mercado da música, a força desse vínculo chega a um nível tão grande que resulta num grau de fidelidade e lealdade como o existente na religião e nos esportes de massa, como o futebol. Experimente dizer a um fã de *heavy metal* que esse estilo é ruim. Com certeza ele ficará ofendido. Por quê? Na verdade, você está criticando, juntamente com o *heavy metal*, o estilo de vida do próprio fã.

Como consequência, esse nível de fidelidade, quase absoluta, faz com que sejam criadas barreiras para a entrada de novos produtos similares. Na maioria das vezes, o novo produto será "rotulado" e haverá um preconceito nítido: a famosa frase "seu trabalho musical se parece com aquele"...

6.3.8 Dicas importantes

Como já vimos, a comunicação é uma das ferramentas da ciência do Marketing. Então, como comunicamos nosso produto ou serviço para o mercado?

Nos idos dos anos 1950, uma das ferramentas mais importantes de comunicação era a rádio. Depois, com a invenção da TV, criou-se um novo canal de divulgação. A maturidade do mercado musical permitiu o surgimento de diversos veículos impressos, como revistas e jornais, que foram multiplicados em novas variedades, subgêneros e categorias dentro da Internet.

Os veículos de divulgação em massa no Brasil (*i.e.* rádio, TV e principais jornais/revistas) ainda permanecem como a forma mais utilizada pelas grandes gravadoras para comunicar a música de seus artistas.

No entanto, as chamadas mídias sociais digitais vêm cada vez mais ganhando espaço no terreno mais importante de divulgação: a cabeça do consumidor. É lá que se trava a batalha final de comunicação e, como vimos neste capítulo, uma estratégia direcionada para o perfil subjetivo de seu público alvo ajuda muito nesse momento decisivo.

As mídias sociais têm algo que os veículos de massa não conseguem utilizar em toda a sua plenitude, mas mesmo assim ainda tentam: a agilidade da informação e seu crescimento exponencial. O mero ato de compartilhar uma mensagem de seu artista preferido com sua rede pessoal de contatos cria uma exposição extremamente bem direcionada e potencializa a "aquisição" de um novo fã para o seu trabalho.

Ao contrário de uma estratégia caríssima de "empurrar" o produto artístico "goela abaixo" do público, como se dá nos veículos de massa, dentro de uma estratégia de mídias sociais se consegue que o consumidor "puxe" o produto artístico. Em outras palavras, ao invés de tentar criar demanda para um produto, arriscando muito dinheiro para algo muitas vezes insustentável e *fake*, as mídias sociais têm o poder de criar um mercado interativo de duas vias entre o artista e o fã, gerando um relacionamento altamente sustentável, onde a base de fãs é identificada e pode ser bem atendida com o valor que merece, e não como uma mera massa de desconhecidos onde o artista unilateralmente dá as regras.

Além dos já consagrados Facebook, Twitter, YouTube e Vevo, a seguir listamos algumas redes sociais e aplicativos, brasileiros e estrangeiros, que podem facilitar seu plano de marketing como um todo, especificamente no campo da música:

Distribuidores digitais de música:

<Musicpost.com.br>

<OneRPM.com.br>

Plataformas de *crowdfunding* (financiamento coletivo):

<Queremos.com.br>

<Embolacha.com.br>

<Catarse.me/pt>

Ferramentas de marketing de relacionamento (CRM):

<MailChimp.com<

<Salesforce.com/br/>

<CrazyEgg.com>

7

A Música como Negócio

"Mim quer tocar, mim gosta ganhar dinheiro,
me want to play, me love to get the money."

(*Mim quer tocar*, Roger Rocha Moreira)

7.1 Introdução

Muitas pessoas acham que o mercado de música é pequeno, além de acreditarem no mito de que música não dá dinheiro. Mostra-se um artista rico e logo se fala em sorte, destino e outras crenças populares.

Os negócios envolvendo música devem ser encarados como quaisquer outros, onde existe estratégia, investimento e risco. Tanto quanto em determinadas produções criativas industriais – como o revolucionário iPod –, existe no mercado da música um negócio envolvendo uma criação intelectual. De acordo com recentes estudos divulgados pelo IBGE, na média do Brasil, quase a metade das empresas não sobrevive por mais de três anos. Quebra-se, portanto, o argumento da sorte e destino.

Como qualquer negócio, a música tem o seu ambiente e seus atores (como vimos no Capítulo 2). Quem deseja iniciar uma carreira nesse mercado – ou em qualquer outro – deve entendê-lo a fundo, sob pena de deparar com um grande fracasso.

Em outras áreas ocorre o mesmo, por exemplo, no mercado de autopeças. Quem não conhece esse segmento com seus mecanismos e deseja abrir uma loja em determinado local deve, no mínimo, tomar conhecimento prévio de toda a cadeia produtiva, do ambiente do negócio, dos concorrentes, das barreiras de entrada, da maneira como os fornecedores vendem as peças, do prazo de pagamento, garantias, de quem são os potenciais clientes etc.

Nesse sentido, a iniciativa de se tornar um profissional da música, em qualquer das fases de sua cadeia produtiva, deve ser precedida de "saber-se onde pisa".

Vamos falar neste capítulo das unidades de negócio da música, como são os contratos e costumes, números e alguns outros detalhes, para que você, ao terminá-lo, possa enxergar esse ambiente de forma mais clara.

7.1.1   O sonho do lançamento

O desejo de qualquer artista é obter sucesso em sua carreira. Mas o que é o sucesso? Entendemos que o sucesso, na verdade, é alcançar um objetivo, e cada um tem seu objetivo, não é verdade?

Portanto, é necessário definir o objetivo de sua carreira. Um artista X pode querer alcançar um público apenas em determinada região do Brasil, enquanto um artista B pode perfeitamente almejar que o país inteiro – e por que não o mundo – seja seu fã. Presenciamos tal fato com o estrondoso sucesso *Ai se eu te pego*, do artista Michel Teló, no mundo inteiro, onde chegou ao topo dos *charts* (paradas de sucesso) em 23 países da Europa e da América Latina, sendo o primeiro artista brasileiro em 50 anos a figurar na poderosa lista US Billboard Hot 100.[1]

Durante muito tempo, as grandes gravadoras (*majors*) foram o sonho de quase todos os artistas, profissionais ou amadores. Criou-se um mito de que assinar um contrato com uma *major* correspondia a uma curta caminhada para a calçada da fama. Daí em diante, tudo seriam flores.

Mas, diz o ditado, não é assim que a banda toca. A gravadora não "adota" o artista – é um negócio entre duas partes autônomas. E isso não deve ser encarado como um fato arbitrário, abusivo, como reportado por muitos ex-contratados, incluindo este que vos escreve.

---

[1]   Disponível em: <http://www.ifpi.org/content/library/dmr2013.pdf>.

Como qualquer empresa que atue em um mercado, fazendo circular produtos e/ou serviços, a gravadora também quer – e precisa – ter lucros. Assim como o artista, a gravadora também deseja o seu próprio sucesso. Por isso, a relação deve ser de parceria, e não de dependência.

Falamos até agora somente nas gravadoras, mas o agente de *shows* também pensa da mesma forma. O problema reside na ideia de que o artista não tem o objetivo de ganhar dinheiro, mas de expor sua arte. Essa ideia é extremamente perigosa, pois pressupõe que o artista já tem dinheiro suficiente para viver ou não precisa dele para viver, o que não é a realidade nem de hoje, nem a que a história nos conta.

Com isso em mente, entremos nos negócios da música propriamente ditos.

7.2 Composições

A composição é a matéria-prima da economia da música. A obra musical (com ou sem letra) pode ser trabalhada de diversas formas, até mesmo sem nunca chegar a ser um fonograma.

No mercado, as composições normalmente são feitas para dois propósitos distintos: artístico ou publicitário.

As composições meramente publicitárias, ou *jingles*, são feitas como parte do plano de comunicação de uma organização no intuito de promover seus produtos ou serviços, ou também podem ser feitas para pessoas, como no mercado de publicidade eleitoral.

É certo que muitas vezes as composições artísticas também são utilizadas para publicidade como objetivo secundário, até mesmo no mercado de *music branding*, tema que extrapolaria o objetivo deste livro, mas que consiste resumidamente na associação de música e marca pelo alinhamento de seus atributos, como no caso do projeto Natura Musical.

No mercado publicitário, normalmente a música é feita sob encomenda de uma agência de propaganda, que paga um preço fixo para que possa usar a composição, com exclusividade, por um determinado período de tempo ou para sempre. Os preços variam de acordo com a marca, a extensão, o território e os veículos da campanha. Um *jingle* composto para uma empresa regional a ser veiculado em rádio FM local certamente terá um preço proporcionalmente menor do que um *jingle* composto para uma empresa global a ser veiculado pela Internet no mundo inteiro.

Existem algumas tabelas com preços sugeridos para cada uma dessas variáveis, mas o mercado normalmente é livre para negociar seus preços.

Já as composições feitas para fins artísticos propriamente ditos são a regra do mercado musical. Sabemos que compor uma música é uma verdadeira arte e, como qualquer arte, necessita de talento. Mas interpretar uma composição exige talento também. Por esses motivos, nem sempre o compositor interpreta suas obras, nem o intérprete compõe suas músicas.

Como as funções de compositor e intérprete são distintas, o mercado precisou dar a cada um seu quinhão pela utilização econômica da obra e da interpretação. No caso dos compositores, a regra é ficarem com cerca de 10% (dez por cento) do preço de comercialização de suas obras, no caso de reprodução. Podemos citar como exemplos a utilização da obra em um fonograma ou em um *ringtone*. Nos casos de execução pública, os critérios nacionais são variados, dependendo de a obra ser executada em um *show* ou como parte de um fonograma. As associações de gestão de direitos autorais disponibilizam essas tabelas para seus associados.

7.3 Edição musical

Apesar de existir uma espécie de contrato previsto na atual Lei de Direitos Autorais chamada de "edição", não se utiliza mais esse formato como dispõe a legislação. O que temos hoje, com o mesmo apelido, é um contrato de administração de obras musicais por empresas chamadas de Editoras Musicais ou *Publishers*.

Ao contrário do que muitos acreditam, a edição musical não é um contrato obrigatório para que a obra possa entrar no mercado e ter uma utilização econômica. O compositor é livre para administrar sua obra sozinho. Quando há poucas obras no "catálogo" do compositor, isso é até razoavelmente fácil de se controlar. O problema da gestão individual vem com a quantidade de obras e de pedidos de utilização e, com o tempo e o volume, se torna muito difícil. Basta verificar quantos pedidos de regravação do mundo inteiro tem a obra *Garota de Ipanema*, de Tom Jobim e Vinicius de Moraes.

Assim, muitos compositores acabam fazendo melhores negócios em colaboração com uma editora musical, pois esta tem todos os recursos humanos e materiais para uma gestão competente das obras sob sua administração.

Em muitos casos, as editoras musicais costumam monitorar o mercado para apresentar seu catálogo de obras para diferentes artistas e empresas, com o objetivo de trazer novos negócios envolvendo as obras, atuando como verdadeiros agentes do compositor.

Obviamente, as editoras musicais precisam ser remuneradas por seu trabalho de gestão e de agenciamento, e para isso costumam cobrar um percentual de 20% a 30% da remuneração recebida pelo compositor na utilização comercial de uma obra.

Em alguns casos, as editoras musicais e os compositores celebram um contrato com exclusividade, em que o compositor não poderá ter obras administradas por outras editoras. Nesses casos, pela natureza da exclusividade, a editora costuma adiantar ao compositor uma quantia que será posteriormente abatida das receitas obtidas com a utilização de suas obras.

7.4 Fonogramas e Indústria Fonográfica

Vimos anteriormente que a obra musical gravada é chamada de *fonograma*. A utilização econômica do fonograma se dá normalmente com a sua venda (reprodução/distribuição) e sua execução pública. Daí, é necessária a distinção entre elas, que novamente recordamos, uma vez que esse tema traz grande confusão aos participantes do mercado.

A reprodução é a cópia do fonograma original e tem como destino a sua comercialização. Assim, a matriz de um CD é duplicada, normalmente em uma fábrica, sendo a seguir disponibilizada pelos distribuidores nas lojas e em ambientes virtuais. Nesse último, pode-se vender tanto o CD físico (que será enviado pelo correio ou forma similar) quanto o fonograma virtual, como o mp3 ou *fulltracks* para telefone celular (via *downloads* diretamente no computador ou telefone). É importante notar que a compra de um CD ou mp3 não dá ao comprador o direito de livre utilização daquele(s) fonograma(s) comprado(s) – trata-se de uma licença restrita de uso.

A execução pública se dá com a transmissão do fonograma por meio de rádio, TV ou similares. Aqui não há venda, mas simplesmente a colocação do fonograma ao alcance do público através de determinado meio de comunicação. Atualmente tornaram-se muito comuns as *web radios* e *streaming radios*.

Mas como realmente se ganha dinheiro com fonogramas?

7.4.1 Reprodução de Fonogramas

O mercado brasileiro foi criado a partir do modelo americano e inglês, mas, "tropicalizado", funciona de forma um pouco diferente. No Brasil não há regras legais sobre o tema, mas o costume do mercado consagrou o seguinte modelo para reprodução.[2]

O produtor fonográfico (gravadora ou selo) é normalmente o único investidor da produção fonográfica de um artista. O modelo tradicional inclui despesas com adiantamentos de *royalties* para o artista, gravações, produção de videoclipes, *tour support*, marketing e promoção.[3]

Com o CD fabricado, transfere-se o estoque ao distribuidor. Essa transferência pode ser uma compra efetiva (ex.: o distribuidor compra 10.000 CDs e paga à gravadora) ou pode ser uma transferência onde o distribuidor paga à gravadora à medida que for vendendo, o que é mais comum. Nesse último costume do mercado, o distribuidor tem um contrato com o produtor fonográfico, onde está prevista a seguinte remuneração: retirando-se o custo da fabricação e dos tributos incidentes, divide-se o valor líquido entre as partes, usualmente 60% para o produtor fonográfico e 40% para o distribuidor.

O custo de fabricação de um produto físico como o CD depende muito do formato do produto final, isto é, de como será a embalagem (caixa tradicional ou outras embalagens mais sofisticadas), a arte gráfica, a quantidade de cores e páginas do encarte etc.

A base de cálculo para o CD ou outro formato físico não é o preço da venda na loja, e sim o preço de venda para o distribuidor, conhecido como PPD.[4] Assim, se a gravadora vende o CD ao distribuidor ao preço de R$ 10,00, e o

---

[2] A ABPD (Associação Brasileira de Produtores Fonográficos), associação de algumas gravadoras, possui suas próprias regras internas de pagamento de *royalties*.

[3] Relatório *Investing in Music 2013*, da IFPI.

[4] *Published price to dealer* (preço pago pelo distribuidor para a gravadora).

distribuidor comercializa o CD a R$ 20,00, a base de cálculo para a divisão dos pagamentos devidos pela gravadora ao artista será R$ 10,00.

Quando se trata de venda em lojas virtuais, como a iTunes Store (fonogramas virtuais), o cálculo é bastante parecido, variando apenas em que a base de cálculo é o preço de venda na loja virtual diminuído dos tributos incidentes.

O pagamento dos direitos de autor (normalmente 10% do PPD) é feito à editora que, após retirar sua parte, repassa ao autor seu quinhão. Também é comum o autor fazer sua autorização diretamente à gravadora, caso conhecido como "contrato direto", onde não existe a figura do editor, recebendo o autor integralmente o valor devido a título de direitos autorais pela reprodução de sua obra, mas obviamente o submetendo à exclusiva administração de sua obra.

Ainda tendo como base de cálculo o PPD, o artista normalmente tem direito à remuneração prevista no contrato com a gravadora, cujos percentuais variam entre 8% e 12% para os novos e até 20% para (raríssimos) consagrados, sempre aplicados sobre o PPD. Obviamente, se for uma banda, esse percentual será divido entre seus integrantes, normalmente por igual, a menos que a banda tenha combinado uma divisão diferente.

Poderíamos resumir a divisão para um artista recém-contratado com a figura a seguir:

Figura 7.1 – Divisão tradicional de receitas de venda do fonograma

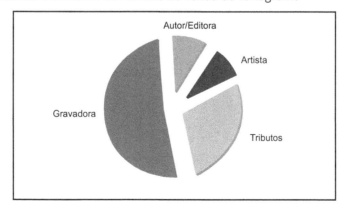

Fonte: Os Autores.

É muito comum o caso em que o artista produz seu próprio álbum (ou *single*) e licencia os direitos de comercialização para um ou mais distribuidores, físicos ou virtuais. A regra na Internet é a não exclusividade. Nesse caso em particular, o próprio artista é o produtor fonográfico, aumentando sua fatia do bolo nos rendimentos. Mas cuidado: nesses casos de produção independente, as editoras musicais costumam cobrar os *royalties* adiantados, frequentemente muito mais do que 10% sobre o preço de venda do fonograma ou produto físico, tornando a lucratividade do CD mínima ou negativa.

As vendas de fonogramas também podem ser feitas através de operadoras de telefonia celular, que os vendem em formatos como os *fulltracks* (fonograma completo), *truetones* (partes de fonogramas) e *ringbacktones* (fonogramas escutados por quem liga para outra pessoa antes do atendimento).

Nesses casos, os fonogramas são vendidos individualmente e os preços são normalmente mais altos do que os das lojas virtuais de música, pois entra um novo *player* no *business*: a operadora de telefonia.

A divisão mais comum é a seguinte: do preço de venda se retiram os tributos incidentes (cerca de 30%), chegando-se a um preço líquido, do qual a operadora normalmente fica com a metade.[5] Da metade que sobra, 9% do preço líquido é pago ao autor/editora, ficando o resto para ser repassado à gravadora, mas normalmente com uma dedução de 20%, que fica com o distribuidor digital. No final das contas, a gravadora recebe entre 20% e 25% do preço de venda, de onde será calculado o montante a ser pago ao artista como *royalties*.

Figura 7.2 – Divisão de receitas sobre fonograma vendido por operadoras de telecomunicação

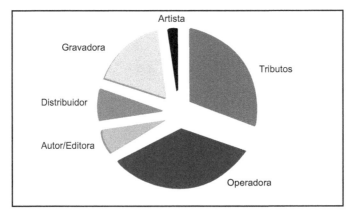

Fonte: Os Autores.

---

[5] Esse percentual varia de operadora para operadora, e também entre os produtos.

Nota importante: com a vigência da Emenda Constitucional nº 75/2013, conhecida como PEC da música, haverá uma grande redução dos tributos incidentes sobre a venda de fonogramas e videofonogramas.

7.4.2   Execução pública de fonogramas

No caso da execução pública, a arrecadação e distribuição são bem diferentes. Na verdade, existem muitas formas diferentes de execução de fonogramas, gerando os chamados direitos fonomecânicos (ex.: execução em rádio, TV ou Internet).

Da mesma forma que as composições, cada uma possui suas regras de arrecadação e distribuição específicas, que são decididas nas assembleias das sociedades de gestão coletiva de direitos autorais. Essas regras compõem o famoso Regulamento de Arrecadação e Distribuição do ECAD, contendo, além das regras gerais, outras específicas relativas a festejos populares como carnaval e festa junina, por exemplo.

Os casos mais comuns são a execução em *shows* e em rádios e a sincronização na TV ou cinema.

Em *shows* sem execução de fonogramas, apenas os titulares de direito de autor são remunerados, isto é, apenas os autores das músicas executadas e suas respectivas editoras. Mas se há execução de fonogramas, como é o caso dos *DJs*, são devidos os direitos fonomecânicos.

Em rádios, as músicas identificadas são remuneradas com a distribuição dos direitos dos titulares da seguinte forma: dois terços da arrecadação são distribuídos para a parte autoral (autor e editora), e o terço restante é dividido normalmente em 41,7% para o(s) artista(s), 41,7% para o(s) produtor(es) fonográfico(s) e 16,6% para o(s) músico(s) acompanhante(s). Esses dados são tirados das informações constantes do ISRC de cada fonograma individualmente.

A execução pública em TV ou cinema é semelhante, mas há uma categorização em diferentes níveis, como, por exemplo, "tema de abertura" e "música de fundo". Cada categoria (ou rubrica) terá um valor proporcional à sua relevância na obra audiovisual.

7.5 Mercado de shows

Diferentemente da indústria fonográfica, o mercado de *shows* tem suas próprias regras. Como vimos anteriormente, a cadeia produtiva do núcleo de *shows* e eventos musicais tem formatos de comercialização distintos, assunto que iremos agora aprofundar.

Primeiramente, precisamos considerar três pontos de vista diferentes, mas de igual importância: o do artista, o do agente e o do comprador de *shows*.

O artista e o comprador de *shows* são as duas pontas do mercado, tendo o agente como intermediário e facilitador da operação. Mas quem compra *shows* e por qual razão?

Há diversos perfis de compradores de *shows*, mas podemos resumir nos seguintes e principais atores do mercado:

1. Casas de *shows* e espetáculos (ou *Venues*).

2. Produtores de eventos.

3. Empresas.

As casas de espetáculos compram *shows* de artistas porque isso atrai clientes que irão comprar ingressos, alimentos, bebidas e outros produtos da própria casa ou do artista. Com alto público rotativo, diversas marcas se interessam em associar-se a essas casas através de patrocínios, ou seja, marketing cultural.

Por outro lado, é fundamental que existam as casas de espetáculos, pois sem elas, o artista fica sem grandes opções de locais onde se apresentar.

As casas de eventos têm papel preponderante na vida do artista, não só do músico. O problema é que muitas delas – principalmente as de pequeno porte e que justamente teriam o perfil para o iniciante se apresentar – não possuem uma administração profissional, e por isso, não encontram um meio de viabilizar financeiramente sua sustentação e fecham as portas com poucos anos de vida ou mudam de perfil. Entre as maiores dificuldades desses estabelecimentos que têm essa proposta seriam divulgação, técnicos qualificados e bons equipamentos, ou seja, o principal!!! Então, muitas vezes o artista tem mesmo é que arregaçar as mangas mesmo para fazer o *show* acontecer. Mas quem disse que era fácil, cara pálida?!

Marcelo Guapyassú, empresário.

Existem diversos tipos de formatos de *venues*. Podem ser fechadas ou ao ar livre, permanentes ou temporárias, pequenas ou gigantes, bares ou salas de concerto. O que há em comum entre elas é a necessidade de ter sempre artistas para trazer o público consumidor.

Os negócios entre artistas e *venues* também podem ser de diferentes formatos, envolvendo pagamentos fixos ou variáveis àquele, como a compra do *show* através do pagamento integral do cachê do artista, o pagamento de parte do cachê com a participação em percentual das vendas de bilheteria e produtos (alimentos, bebidas e *merchandising*), ou mesmo o pagamento do artista somente com percentual de vendas. Cada um desses formatos é utilizado segundo as estratégias de cada artista definidas em seu planejamento de carreira, mas o mais comum é que os novos artistas fiquem com a última opção (envolvendo maiores riscos) e os artistas consagrados com a primeira (mais segura), estes inclusive recebendo o preço integral do cachê antes da apresentação, afinal nunca se sabe quantas pessoas realmente irão ao *show*. Porém, é de se destacar que muitos artistas consagrados, sabendo que atrairão multidões para seus *shows*, se recusam a receber cachês fixos, ficando com a maior lucratividade pelas receitas integrais (ou quase) das vendas dos ingressos.

O papel das *venues* no mercado de entretenimento sofreu uma significativa mudança nos últimos tempos. O aumento de receitas proveniente de *Naming Rights*, *Pouring Rights* e demais patrocínios e atividades de marketing possibilitou que Casas de Espetáculos pudessem se arriscar um pouco mais. Desta maneira, houve uma migração da simples oferta de palco à integração e associação com produtores, artistas e demais geradores de conteúdo para eventos conjuntos. Isso, de uma forma geral, aumentou a oferta para artistas de menor expressão, e viabilizou um fluxo maior de artistas estabelecidos, principalmente internacionais, aos mercados que até então estavam fora do radar destes.

Marcelo Flores, CEO – BRIO-Holding Beira-Rio S/A – Estádio Beira-Rio, Porto Alegre.

Os produtores de eventos (ou *promoters*) são normalmente empresas que compram *shows* dos artistas para organizar seus eventos proprietários, isto é, com suas próprias marcas, ainda que, majoritariamente, dependendo de alugar casas de espetáculos para esses eventos.

Em sua grande maioria, organizam eventos e festivais de música, de diversos portes, seguindo a lógica comentada no capítulo sobre o marketing das artes, com o intuito de se apoderar ou de determinado nicho de mercado ou de um mercado *mainstream*, mais popular.

Nós tivemos a oportunidade de participar de diversos tipos de produções de eventos e podemos assegurar que, apesar de potencialmente lucrativo e atraente, esse mercado ocupa uma posição intermediária entre o artista e a *venue* que pode vir a ser um pouco desconfortável. A razão está no fato de que, nessa área de produção de eventos, as *venues* normalmente não têm interesse em participar do risco do evento, e muito menos o artista, ficando o risco concentrado nas mãos (ou no bolso) do produtor.

Há bastante história relativa a esses festivais ou eventos isolados, mas certamente a chave do sucesso está na divisão dos riscos e criação de parcerias. Muitos produtores de eventos também acreditam que há uma alta diversidade de possíveis patrocinadores para seus projetos, o que não é verdade. Vimos que o marketing cultural depende inicialmente de um estudo de afinidade entre a marca/público de interesse do evento e a marca/público de interesse do patrocinador. Além disso, requer um relacionamento entre a empresa produtora e a patrocinadora, que pode levar algum tempo para se construir e consolidar. É bem verdade que diversas empresas conseguem travar essa relação, mas normalmente irão precisar de um investimento financeiro próprio para dar visibilidade a seu evento/marca antes mesmo de iniciar qualquer conversa com patrocinadores.

O terceiro segmento de compradores de *shows* é o mercado corporativo, isto é, empresas que promovem eventos para seus funcionários, clientes e parceiros, normalmente atrelados a encontros corporativos de presença obrigatória dos funcionários, como convenções, *workshops* e festas de calendário da própria empresa.

É um bom mercado, principalmente porque é tipicamente B2B – uma empresa é cliente da outra. Assim, não envolve riscos para o artista, para seu agente ou para o comprador. Não há venda de ingressos, alimentos ou bebidas. Eventualmente – quando a empresa compradora permite – há venda de produtos do artista.

São *shows* fechados e o público de interesse fica a exclusivo critério das empresas compradoras – seus diretores, seus gerentes, seus funcionários técnicos e assim por diante.

Normalmente as empresas compram *shows* de artistas que tenham relação com o perfil do público participante do evento onde o *show* se insere.

Com o crescimento do turismo corporativo, esse segmento de compradores tem se tornado cada vez mais o objetivo dos artistas e seus agentes.

A importância da música no mercado de eventos corporativos está mais presente do que nunca. Nos últimos anos, artistas de renome nacional e até internacionais têm sido contratados para congressos, campanhas publicitárias e festas de final de ano de grandes corporações dentro e fora do Brasil. Estamos com bastante demanda neste segmento.

Alexandre Chalom, diretor de operações na Benza Promoção e Eventos.

Por fim, é importante falarmos sobre um assunto que parece óbvio mas não é: quanto é o cachê de um artista?

Se empregarmos o raciocínio usual da administração de empresas, teremos que chegar a um preço de custo, formado basicamente pelos gastos com a produção do *show* (divididos pelo mínimo previsto de *shows* da temporada) mais os custos de cada *show*, como músicos, técnicos, equipamentos, entre outras despesas.

Como exemplo, imagine que o artista gaste R$ 20.000,00 com a produção de um *show* para uma temporada de seis meses com um mínimo de 20 apresentações. Além disso, em cada apresentação há um custo de R$ 1.500,00. Dessa forma, o custo de cada apresentação será: o custo de produção dividido pelo número mínimo de *shows* mais o custo operacional de cada *show*, sendo (R$ 20.000,00/20) + R$ 1.500,00 = R$ 1.000,00 + R$ 1.500,00 = R$ 2.500,00 por *show*.[6] Detalhamos no quadro abaixo:

Custo de produção (fixo)	R$ 20.000,00
Número mínimo de *shows* estimado para a temporada	20
Custo de produção dividido por *show*	R$ 1.000,00
Custo de cada *show* (variável)	R$ 1.500,00
Preço de custo total de cada *show*	R$ 2.500,00

---

[6] Esse normalmente será o valor subsidiado por uma gravadora para o *tour support*.

A partir desse número, deve-se colocar uma margem mínima para o artista, chegando-se a um preço final de, por exemplo, R$ 3.500,00. Com o resultado de todas as operações de marketing e comunicação, espera-se que o artista encontre seu público de interesse e a demanda para os *shows* cresça, o que irá automaticamente colocá-lo na posição de vendedor, exatamente como vimos no capítulo sobre economia. Dessa forma, quanto maior for a demanda, maior será o crescimento da margem e do cachê como um todo, até um ponto onde não haverá um preço absoluto.

Isso é muito comum no caso dos artistas consagrados, uma vez que a praxe de mercado nessa situação já não é mais de oferta dos serviços, mas de maior procura pelos serviços por várias casas de espetáculos e produtores de eventos, concorrendo entre si para comprar o *show* do artista. Nesse ponto da carreira, o que acontece é um verdadeiro leilão, onde a maior oferta por parte dos compradores acaba vencendo.

No caso de grandes artistas internacionais, há uma verdadeira briga entre os diferentes compradores de *shows* por causa de uma demanda reprimida. Imagine um artista de renome internacional que nunca tenha vindo ao Brasil, por qualquer motivo que seja. A demanda reprimida chega a ser tão grande, levando à chance de um evento *sold out*, lotado, que todos os compradores oferecem rios de dinheiro pela apresentação.

Em muitos festivais, há a necessidade de exclusividade do artista, isto é, da negociação que não o permite fazer outro *show* concorrente em outra cidade do estado ou país, em determinado período, exatamente para que o público se concentre no festival e diminua o risco do promotor de eventos. Os cachês nesse tipo de situação muitas vezes chegam a múltiplos dos preços normais, a fim de resguardar as perdas dos demais possíveis *shows* por parte do artista.

7.5.1 Transmissão de shows

Outro ponto importante é a hipótese cada vez mais comum de que o *show* do artista venha a ser captado e transmitido pela rádio, TV aberta, fechada ou Internet. Em algumas novas modalidades, até em salas de cinema especificamente programadas para passar, ao vivo, *shows* que ocorrem em outras cidades.

Como vimos anteriormente, para ser possível essa transmissão, será necessária a autorização do artista, e em muitos casos da própria *venue*. Tudo isso tem seu preço, e cada veículo de transmissão autorizado terá uma quantia respectiva. Esse preço usualmente será pago pelo produtor de eventos que venderá os direitos para uma emissora de rádio, TV ou Internet.

Como se trata de uma execução pública, os artistas, suas gravadoras e os autores das composições normalmente receberão os direitos de execução pública tanto do *show* quanto de cada transmissão cumulativamente. É ou não um bom negócio?

7.6 Licenciamento de música

Um mercado que não é muito comentado é o de licenciamento. Apesar das estatísticas sobre o licenciamento serem melhores a cada ano, a produção de conteúdo brasileiro parece não enxergar essa oportunidade.

Sejam licenças para publicidade ou até videogames ou *apps*, o fato é que o *licensing* é bastante atraente. Até porque, se o conteúdo já está pronto, o caixa está aberto sem grandes esforços.

Tem também se tornado bastante comum no Brasil a produção direcionada para o cinema e outros formatos de audiovisual, como *web series*.

O licenciamento consiste basicamente em um "empréstimo" da composição ou do fonograma para que seja utilizado por uma terceira pessoa que não está inicialmente ligada à cadeia produtiva da música.

As regras principais consistem em definir os seguintes pontos:

1. Qual é o conteúdo (ou parte dele) a ser licenciado?

2. Qual é o produto onde estará embutido o conteúdo licenciado?

3. Qual é o preço de venda estimado do produto e quantas unidades serão produzidas?

4. Como esse produto será comercializado, ou seja, quais as modalidades de utilização desse produto onde o conteúdo licenciado está embutido (ver Capítulo 3)?

5. Há a necessidade de exclusividade para alguma dessas modalidades de utilização?

6. Por quanto tempo se requer a licença?

7. Qual é o território da licença?

A partir dessas respostas é possível elaborar um formato para esse licenciamento, isto é, como o dono do conteúdo será remunerado pela licença. Assim como vimos no mercado de *shows*, os formatos mais comuns são:

1. Pagamento adiantado pela licença (não há risco por parte do licenciante).

2. Parte do pagamento antecipado como garantia mais *royalties*, que consistem em um percentual sobre o preço bruto de venda (médio risco por parte do licenciante).

3. Todo o pagamento por *royalties* (o licenciante assume parte dos riscos com o licenciado).

O maior problema do licenciamento consiste na prestação de contas por parte do licenciado. Também é extremamente recomendável que o licenciante e o licenciado tenham valores compartilhados, a fim de resguardar todo o investimento já feito com marketing das artes. Como exemplo, um conteúdo mais sofisticado não deve ser licenciado para um produto sem esse conceito. O conceito de *music branding* tem sido cada vez mais utilizado por empresas no mundo inteiro e sua base é o licenciamento de música. Portanto, também uma oportunidade de rendimentos.

O melhor do licenciamento é que não se perde a propriedade do conteúdo, alavancando a rentabilidade do patrimônio do licenciado, pois estará sendo utilizado por múltiplos compradores-licenciados sem muito esforço adicional.

7.7 Novas tecnologias digitais

A Internet também abriu portas para grandes oportunidades com a música digital. Serviços de música por assinatura como a Rdio e o Spotify, entre outros, potencializam as receitas com música. Outras plataformas, como o próprio YouTube e Vevo, remuneram conteúdo audiovisual baseados na quantidade de visualizações do canal do proprietário do conteúdo.

O caminho para a monetização[7] de seu conteúdo, seja através de seu próprio site ou com ajuda dos canais acima citados, também irá inevitavelmente

---

[7] Termo utilizado nas mídias online que significa trazer receita para o conteúdo disponibilizado na Internet.

esbarrar na publicidade de anunciantes da *web*. Canais como o YouTube têm suas próprias regras de remuneração. Normalmente quando há uma quantidade alta de visualizações de determinado vídeo, no Brasil acima de 100.000 por exemplo, o canal entra em contato com o proprietário do conteúdo lhe oferecendo uma participação dos comerciais veiculados antes da visualização do vídeo. Opa, mais uma receita sem grande esforço direto. Obviamente o esforço geral de marketing na sua marca é que irá trazer esse resultado indireto, mas previsível, porque no meio digital temos o conhecido efeito da "cauda longa", assim intitulado após o magnífico livro de Chris Anderson sobre o mercado de música digital, ao qual nos reportamos para um completo aprofundamento do tema.

As novas tecnologias a cada dia são ultrapassadas por outras mais novas e mais eficientes. Como a regra do mercado digital é a não exclusividade, a concorrência ajuda no aumento da economia geral dessa parte do mercado em absoluto crescimento. Ainda que o mercado brasileiro ainda consista em sua maioria nas vendas físicas[8] de CDs e DVDs, cremos que em muito pouco tempo esses veículos vão se tornar história.

---

[8] ABPD – Mercado de Música Brasileiro 2012.

8

Investindo em Música

"Dinheiro na mão é vendaval,
Dinheiro na mão é solução"

(*Pecado capital*, Paulinho da Viola)

8.1 Introdução

Investimento: esta é uma palavra misteriosa. Tradicionalmente ela está ligada diretamente à ideia de dinheiro e lucro, mas não podemos resumir o conceito apenas a isso.

Investimos em nossas carreiras, em relacionamentos com amigos, namorados, filhos, investimos na nossa saúde, na qualidade de vida e, *last but not least*, em negócios e aplicações financeiras.

As ciências econômicas e contábeis já evoluíram muito ao trazer conceitos como capital intelectual e capital intangível, fazendo com que essa equação (onde na outra ponta aparece o termo *investimento*) tenha uma sucessão de variáveis.

Como se pode visualizar na já mencionada obra de Benhamou, há uma diversidade de fórmulas econômicas e financeiras com inúmeras variáveis sensíveis ao mercado artístico e cultural.

Portanto, precisamos entender que no mercado da música, quando se fala em investimento, fala-se de recursos financeiros, humanos, materiais e intelectuais como variáveis dessa equação.

8.2 Por que investir em música?

A música faz parte de uma cadeia produtiva, como já vimos, e faz parte da economia. É claro que a arte, por si, não tem como objetivo principal virar uma moeda de troca por outros bens, mas comunicar uma mensagem do artista referente a um determinado tema, lugar ou tempo. Mas secundariamente, a arte traz resultados econômicos, na medida que se torna um bem e, assim sendo, terá valor econômico de troca.

Assim como qualquer modalidade de investimento, existe a relação entre as variáveis risco e rentabilidade (entendida como o retorno sobre o investimento).

A mística que envolve o mercado das artes em geral é suficiente para ter criado uma cultura popularmente aceita de que artista não ganha dinheiro. Já tocamos nesse ponto anteriormente. Talvez esse ponto de vista esteja completamente comprometido pelo viés de que o comportamento do artista não é compatível com a visão de um homem de negócios. No entanto, basta lermos as histórias sobre a banda norte-americana Kiss, a inglesa The Rolling Stones, entre outras, para se verificar que o artista pode (sim) ser um excelente homem de negócios.

Recentemente, a revista *Forbes*, conhecida pela publicação anual de suas listas de multimilionários, incluiu uma nova categoria – a dos *DJs*, encabeçada pelo holandês Tiësto. Segundo a revista, a convergência da música eletrônica com a música *pop* aumentou sua aceitação e abriu as portas do estilo para uma gama nova de ouvintes.[1] É de se concluir, portanto, que investir em música deve ser um negócio bastante lucrativo.

8.3 Qual é o tamanho do mercado?

As estatísticas do mercado são obtidas de diferentes fontes. Como o mercado musical é altamente segmentado, muitas das pesquisas irão apenas indicar o segmento para o qual tal pesquisa foi elaborada.

---

[1] Disponível em: <http://www.forbes.com/sites/ryanmac/2012/08/02/tiesto-and-the-evolution-of-the-electronic-music-business/2/>.

No Brasil, por exemplo, a última pesquisa da ABPD revelou que a indústria fonográfica em 2012 faturou R$ 392,8 milhões, com um crescimento de 5,13% em relação a 2011. Esse estudo, porém, não inclui mercados como o *funk* e o *gospel*, pois ambos têm sua cadeia produtiva própria e as gravadoras desses segmentos não são membros da ABPD.

A IMS[2] indica um mercado total de *shows*, fonogramas e produtos licenciados do segmento de música eletrônica mundial de USD 4 bilhões. O fato é que o mercado, de forma geral, é maduro e cresce ano a ano. Por essa razão, é imprescindível posicionar-se em um determinado segmento ou mesmo no *mainstream*.

8.4 Como investir em música?

Resposta: como em qualquer negócio. Primeiro deve-se analisar o mercado e saber onde o produto artístico será inserido, como, por exemplo, segmento de nicho ou massa. É importante dar um passo para fora de nossas opiniões pessoais e olhar o mercado e o produto de fora, para evitar erros muito comuns de julgamento e avaliação do próprio produto. Todos nós achamos nossos filhos os mais lindos do mundo, não é?

Com o mínimo de análise e avaliação, se deve fazer um planejamento em três fases: estratégia, tática e operação. A estratégia dará a direção a ser seguida, a tática o caminho para aquela direção, e a operação colocará tudo em ação.

Temos a firme convicção de que se deve aprender com quem inventou determinado negócio. Dizemos isso porque o *Music Business* não foi inventado no Brasil, e o problema com o olhar de fora diz respeito normalmente à imitação sem se saber o que há por trás do modelo de negócios. Já falamos sobre a história da música ocidental como negócio, mas é importante deixar claro que a música desfuncionalizada sempre foi uma proposta de valor que satisfazia seus consumidores.

A imitação traz limites. Em seu livro *A sabedoria das multidões*, James Surowiecki afirma que administradores imitadores

> "desperdiçam qualquer vantagem que eles poderiam ter no que diz respeito a informações, já que os administradores imitadores na verdade

---

[2] Ibiza International Music Summit – IMS Business Report 2012.

não estão fazendo negócios com base em suas próprias informações, mas confiando nas informações dos outros. Isso reduz não apenas o leque de possíveis investimentos, mas também a inteligência geral do mercado, já que administradores mímicos não acrescentam nenhuma informação nova".

Isso quer dizer que o mercado brasileiro acabou se formando por uma ideia remota do que era praticado nos principais mercados como o Reino Unido e os Estados Unidos. Hoje, infelizmente, a distância ainda é maior, principalmente em termos de estratégias e objetivos.

Utilizamos aqui como referência o mercado norte-americano, por ter sido pioneiro no *Music Business,* como ele realmente é. Lá, o investimento regular em um artista recém-contratado por uma gravadora consiste basicamente em: (a) um adiantamento para o artista trabalhar com tranquilidade na produção de seu álbum e *show*; (b) verba para produção do álbum; (c) verba para produção de dois a três videoclipes; (d) *tour support*, que é o subsídio para os primeiros *shows* promocionais do álbum a ser lançado; e (e) marketing, promoção e comunicação. O total gira entre USD 750 mil a 1,4 milhões. Isso se chama investir em música.

Como qualquer empreendimento, a estratégia é fundamental e deve ser feita observando o ciclo de vida esperado daquele produto. Como já falamos, quanto maior a complexidade subjetiva do perfil do artista ou produto artístico, maiores serão o investimento, o prazo de retorno e, potencialmente, o resultado.

Assim, não basta ter um só *hit* para "bombar" um artista, como é de costume em terras tupiniquins. É possível, mas o resultado é de curto prazo e normalmente cria um sentimento de fracasso no artista e adversidades entre ele e sua gravadora. Poderíamos citar inúmeros exemplos do passado e do exato momento em que escrevemos este livro.

Portanto, o empreendimento artístico deve obrigatoriamente prever sua continuidade a médio/longo prazo, principalmente para se obterem os famosos efeitos da "cauda longa" do mercado digital, conforme falamos no capítulo anterior.

Em resumo: invista em música de forma objetiva e centrada nos melhores princípios e estratégias da administração de empresas.

8.5 O que levar em consideração?

Como em qualquer empreendimento, temos premissas relevantes para cada tipo específico de mercado. No segmento de varejo, por exemplo, a premissa principal é comprar barato e ter uma boa margem de lucro na revenda. Para isso, é preciso também ter baixo custo operacional.

No mercado de música, as premissas são bastante semelhantes, dependendo de onde está o seu negócio na cadeia produtiva. Pensando no artista, que é o objetivo central deste livro, as premissas principais são os custos de produção, administrativos e de divulgação ligados ao planejamento estratégico.

8.6 Quais são as fontes de investimento?

Mais uma vez, como em qualquer mercado, há poucas formas conhecidas de investimento. Podem ser resumidas em: (a) recursos próprios, de parentes ou amigos (o famoso "PAI-trocínio"); (b) empréstimos; (c) investidores; (d) o lucro recebido das operações anteriores; e (e) patrocínios e doações. Cada tipo de investimento pode ser adequado a determinada etapa da carreira do artista.

No início, é muito comum o aporte de recursos próprios ou de parentes. Foi o caso de artistas como Lenny Kravitz e Lana Del Rey,[3] respectivamente em gravação ou divulgação.

Empréstimos não são tão comuns no âmbito de artistas iniciantes, mas são uma boa opção para que está em um momento de crescimento e com uma base de fãs que consiga conservadoramente prever o pagamento daquele empréstimo. O ponto ruim do empréstimo é que o artista pode ser forçado a pagá-lo, mesmo se não tiver o dinheiro necessário. O ponto bom é que se o artista cumpre com o pagamento, não terá um sócio para dividir os lucros da empreitada.

Os investidores surgem em momentos diferentes da carreira de um artista. Há os investidores "anjo", que normalmente sabem dos riscos de investir em apenas um empreendimento e, portanto, fazem uma carteira de investimentos diversificada. Podem investir na carreira de um artista e, ao mesmo

---

[3] De acordo com o Wikipédia (base de dados em inglês).

tempo, em um restaurante, no mercado de ações e em fundos de investimento. Eles ganham seus rendimentos com uma média dos resultados de todos os empreendimentos. Porém, serão seus sócios *"na alegria ou na tristeza"*. Comparativamente, é melhor um empréstimo do que um sócio.

Há também uma forma crescente de investimento coletivo: o *crowdfunding*. Essa modalidade é bastante interessante por caracterizar uma doação a um projeto artístico onde há contrapartidas para o doador, que pode receber produtos ou serviços do artista dependendo da quantia doada. No exterior há sites de *crowdfunding* como o Sell-A-Band,[4] e, no Brasil, conforme já citados, o Embolacha, que atua mais na área fonográfica, e o Queremos!, na área de *shows*.

O tópico relativo à utilização de recursos das operações anteriores parece autoexplicativo, mas fazemos a ressalva de que qualquer investimento, seja próprio ou de terceiros, deve ser bem estudado e planejado. Às vezes é indicado recorrer a um empréstimo para não afetar o fluxo de caixa, mas sempre de forma conservadora e racional.

Por fim, há os patrocínios e doações propriamente ditos. Eles acontecem normalmente no âmbito do marketing cultural, onde marcas de empresas desejam se comunicar com o mesmo público de um determinado produto artístico ou cultural. Essa modalidade pode se dar através da transferência de recursos financeiros diretamente da empresa patrocinadora (ou doadora) ou através de leis de incentivo fiscal à cultura e à arte, modalidade que vem crescendo muito nos últimos anos.

O patrocínio ou a doação através dessas leis normalmente compreendem uma parte de dinheiro público e uma parte de dinheiro da empresa (que se chama de contrapartida). A grande diferença é que apenas na modalidade de patrocínio é possível a vinculação da marca da empresa na divulgação do produto artístico ou cultural.

Para o projeto artístico fazer jus a esse incentivo, é necessário submeter uma proposta completa do projeto a um órgão como o Ministério da Cultura ou equivalente dos estados e municípios brasileiros, uma vez que existem leis de incentivo de âmbito federal, estadual e municipal, bem como no Distrito Federal.

---

4   Disponível em: <www.sellaband.com>.

Esse tipo de incentivo existe porque a sociedade entende que o mercado artístico e cultural possui um desequilíbrio econômico inerente que deve ser suprido pelo Estado. Não somente no Brasil, mas diversos outros países do mundo adotam essa política de subsídio, porém cada um com suas premissas e peculiaridades. Esse é um ponto interessante para se refletir. Não iremos aprofundar como funcionam esses incentivos fiscais neste livro, pois precisariam de um outro livro inteiro para isso. O importante é saber que, no mercado da música, há uma opção a mais.

9

Planejando a Carreira

"Não dá pra controlar, não dá
Não dá pra planejar,
Eu ligo o rádio e: blá blá
Blá blá blá blá eu te amo..."

(*Blá blá blá... eu te amo*, Lobão, Arnaldo Brandão e Luiz O. P. de Oliveira)

9.1 Introdução

Como contam as histórias da *Turma da Mônica*, Cebolinha e Cascão sempre têm um novo plano para capturar o coelhinho da Mônica e dar diversos nós em suas orelhas. Com isso, atingem a máxima satisfação. Porém, seus planos sempre encontram um obstáculo que estraga tudo: a própria Mônica!!!

Essa breve comparação não é perfeitamente cabível no mercado da música? Quantos planos já fizemos para atingir nossos objetivos que encontraram pequenos ou imensos obstáculos pela frente, por vezes inviabilizando nosso sucesso?

Acreditamos que o planejamento é essencial para minimizar os erros eventualmente cometidos, em uma perspectiva pessimista, e maximizar o potencial de atingirmos nossos objetivos e obter sucesso, em uma perspectiva otimista.

Neste capítulo, iremos fazer uma viagem por esse planejamento, analisando a nós mesmos, identificando a direção, o caminho a ser percorrido, a bagagem a ser levada, os investimentos necessários e os possíveis perigos que enfrentaremos. Como um mapa, o planejamento é a melhor ferramenta para o sucesso, acredite.

9.2 Persistência e foco

Obviamente, nem todos os caminhos a serem trilhados são de asfalto liso e a bordo de uma Ferrari com o tanque sempre cheio. Podemos dizer com bastante propriedade que, juntamente com um bom planejamento, a persistência também faz parte do segredo do sucesso.

E se tivermos um bom planejamento e persistência, conseguiremos percorrer nosso caminho para o sucesso mantendo o foco. É comum durante a execução do planejamento surgirem oportunidades e também distrações (às vezes vestidas de oportunidades) que nos farão refletir sobre a direção que estamos tomando, mas mantendo-se o foco, com ferramentas como a sua missão ou visão de carreira, e evitando-se os alarmes falsos, estaremos cada vez mais próximos do destino.

Uma dica importante: muitas vezes almejamos algo que parece impossível pela distância entre o atual e o futuro; por isso, é bom dividirmos todo esse caminho em pequenas etapas, pois a cada pequeno passo que damos naquela direção, o sentimento de dever cumprido nos motiva a seguir adiante, cada vez mais perto do que antes era impossível.

9.3 Fases do planejamento de carreira

Um planejamento de carreira pode perfeitamente ser feito com as mesmas ferramentas existentes para as organizações. Na verdade, iremos trazê-las, apresentá-las ao leitor e demonstrar como as utilizamos para um plano de carreira.

Planejar significa mapear o início, o meio e o fim de um roteiro de atividades, isto é, parte-se inicialmente de uma situação atual e estática para se encontrar a direção a ser seguida, com um objetivo claro e levando em sua bagagem aquilo que o artista acredita. Em linguagem de negócios, precisamos de uma visão, uma missão e valores. Sem isso, ficaremos como loucos a bater com a cabeça nas paredes como a clássica figura do personagem Eddie no álbum *Piece of mind* do Iron Maiden.

Dessa forma, o planejamento precisará de uma estratégia, ou seja, se queremos chegar do ponto A ao B, precisamos saber se nosso caminho será o que todos utilizam, se teremos vantagens em um caminho mais tortuoso, ou se poderemos ter desvantagens em utilizar um atalho. Vamos, portanto, falar em planejamento estratégico.

Muito bem, nosso planejamento estratégico será resumidamente composto da definição de: (a) estratégia (propriamente dita), (b) tática e (c) operação. Vamos destrinchar cada uma.

9.4 Estratégia

Esse primeiro passo consiste na maior lição de Sun Tzu[1] em seu clássico *A arte da guerra*, resumidamente: conheça seus exércitos e os exércitos de seus inimigos, prepare-se, e a batalha será sua. Recomendamos fortemente a leitura dessa magnífica obra.

Transpondo-se o exemplo: seus exércitos são você e sua carreira e os exércitos dos outros são o ambiente externo do mercado. Esse tipo de análise é de suma importância, pois, feita razoavelmente, indicará o mínimo de direção a se seguir. Ela consiste de duas partes.

Em primeiro lugar, precisamos definir nossa *missão, visão* e *valores*, três grandes componentes de nossa estratégia. Há diversas publicações sobre esse tema, as quais servirão de importante aprofundamento, e iremos resumir o que cada um desses componentes é.

A *missão* é sua causa de estar no mercado; ela tem um foco na trajetória anterior, isto é, no passado. Não vale uma missão genérica, como "eu quero ser artista"; precisamos definir de verdade por que fazemos ou queremos fazer o que fazemos. Um médico quer salvar vidas, um desportista que bater recordes e superar seus limites físicos. Assim, a missão deve ser uma declaração comprometida e com um objetivo claro como: "trazemos alegria para as pessoas", ou então "trazemos uma reflexão do nosso tempo contida em nossas músicas".

A *visão* é o que você quer se tornar, mas de forma objetiva; tem foco no futuro. Não vale "quero ser famoso", "quero ganhar dinheiro" ou coisas do

---

[1] *A arte da guerra*. A obra original não é protegida por leis de Direito Autoral, tendo sido escrita há mais de dois mil anos.

estilo, mas declarações do tipo "quero ser o melhor artista de *reggae* raiz da minha região", "quero ser a banda de *cover* com a maior qualidade no segmento de *soul music*".

Os *valores* são mais fáceis. Como já vimos no Capítulo 6, o marketing das artes nos ajuda a definir nossa identidade, que são ultimamente nossos valores.

Com essa trilogia visão-missão-valores definida, temos uma parte importante da estratégia finalizada. Temos uma parte da nossa direção. Tendo declarado a missão A, a visão B e o conjunto de valores C, sabemos mais para onde ir. Agora precisamos saber como chegar lá, isto é, qual o caminho a seguir.

Esse caminho somente pode ser mapeado com a segunda parte da análise. Ela consiste na utilização das duas (ou em certos casos apenas uma) ferramentas mais eficazes para tanto. São elas a matriz SWOT e a matriz das cinco forças, proposta por Michael Porter.

A matriz SWOT é basicamente uma análise de dupla visão: uma interna, do próprio negócio, e outra externa, do ambiente onde o negócio se insere. Cada letra dessa sigla (SWOT), em inglês tem um significado, a seguir indicado:

Sigla	Definição	Tradução	Significado
S	Strengths	Forças	Pontos fortes do produto artístico
W	Weaknesses	Fraquezas	Pontos fracos do produto artístico
O	Opportunities	Oportunidades	Oportunidades do mercado
T	Threats	Ameaças	Ameaças do mercado

Pelo próprio significado podemos identificar que **S** e **W** estão relacionados à análise interna e **O** e **T** à análise externa do ambiente.

Essa ferramenta funciona da seguinte forma: iremos listar todos os pontos fortes e fracos do produto artístico e também as oportunidades e ameaças do mercado, sejam atuais ou apenas tendências. Os pontos fortes devem ser ressaltados e divulgados; os pontos fracos devem ser eliminados ou melhorados; as oportunidades devem ser agarradas; e as ameaças devem ser combatidas.

Visualizando-se o panorama encontrado após a aplicação da matriz e com as direções potencialmente identificadas, ficará bem mais fácil enxergar a estratégia geral a ser adotada.

A segunda ferramenta, a matriz das cinco forças de Porter, é composta da análise das seguintes forças competitivas:

1. Rivalidade entre os concorrentes.
2. Barreiras de entrada de novos concorrentes.
3. Ameaça dos produtos substitutos.
4. Poder de barganha dos fornecedores.
5. Poder de barganha dos compradores.

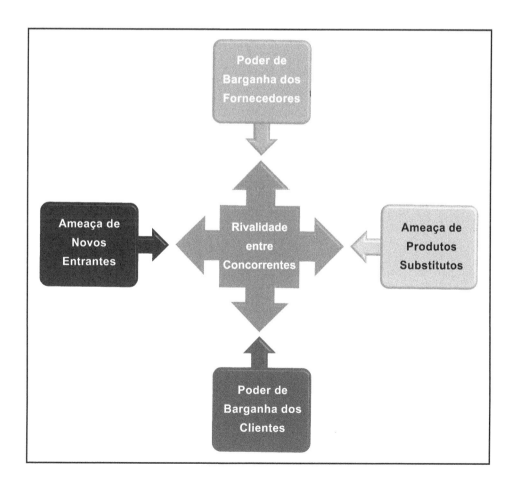

As cinco forças de Porter são objeto dos livros do próprio autor, bem como de inúmeros estudos, portanto iremos ser bastante objetivos em sua aplicação. Para cada uma das cinco forças iremos atribuir uma graduação entre seis posições: nula, muito baixa, baixa, média, alta e muito alta. A leitura que se deve fazer após essa análise dará um panorama da relação entre o produto artístico e o mercado onde ele potencialmente será inserido.

Esclarecendo, se o seu produto artístico é, por exemplo, de música sertaneja, a rivalidade entre os concorrentes é muito alta e a ameaça de produtos substitutos também. Isso significa que uma estratégia pode ser um diferencial inovador no mercado de música sertaneja, como uma dupla fantasiada. Se é música alternativa como *Nu-disco*, a rivalidade é média e as barreiras de entrada são muito baixas. Isso significa que é possível uma estratégia onde não será necessário um investimento financeiro alto.

O objetivo de ambas as ferramentas é entender principalmente como seu produto artístico está inserido no mercado hoje e identificar o caminho a ser perseguido. É comum que, nas primeiras tentativas, a declaração de *visão* entre em conflito com o resultado da aplicação das duas matrizes. Ocorrendo essa situação, é importante reavaliar todas as questões estratégicas para que estejam sempre profundamente alinhadas. Erros ocorrem sempre, nas melhores empresas e empreendimentos, mas podem ser corrigidos na parte operacional, que veremos mais adiante. De qualquer forma, tudo isso é feito no nível estratégico.

Vamos a um exemplo fictício. Digamos que o *DJ* A, do segmento de música eletrônica, aplicou a matriz SWOT à sua carreira e a análise ficou assim:

S (pontos fortes)	W (pontos fracos)
– Possui boas composições *pop* – Tem equipamento e instrumentos musicais – Sabe produzir suas gravações – Tem dinheiro suficiente para fazer três videoclipes	– Não sabe mixar uma faixa – Estúdio caseiro com acústica ruim – Não tem muito dinheiro para divulgação
O (oportunidades)	**T (ameaças)**
– Mercado em alta expansão – Música eletrônica *pop* tem a tendência de substituir a música *pop* contemporânea – 6 dos melhores *clubs* de música eletrônica do mundo são brasileiros	– Os estrangeiros têm grande entrada no Brasil – Os brasileiros tendem a aceitar melhor as músicas eletrônicas cantadas em inglês

Nesse contexto, o artista consegue enxergar que sua estratégia deverá ser dirigida a utilizar bem os pontos fortes, resolver os pontos fracos, alavancar sua carreira através das oportunidades identificadas e combater as ameaças. Como? Através da segunda parte do planejamento, que é a tática.

9.5 Tática

No exemplo de nosso fictício *DJ* A, fica fácil identificar que lançar músicas eletrônicas *pop* cantadas em inglês seriam uma boa estratégia para entrar no *Music Business*. Mas como fazer isso? Definindo-se um plano de ação, isto é, um planejamento tático. A tática refere-se aos meios que serão utilizados para seguir a estratégia definida. Ou seja, as táticas realizam a estratégia.

Jack Trout e Al Ries, grandes mestres da estratégia, dizem que "a consecução dos resultados táticos é a meta última e única de uma estratégia. Se uma dada estratégia não contribui para resultados táticos, ela não quer dizer nada, não importando o quão brilhantemente tenha sido concebida ou eloquentemente apresentada".

A estratégia é normalmente traçada para um médio ou longo prazo, enquanto o planejamento tático é de curto prazo, composto por tarefas e ações que iremos operacionalizar. Assim, a tática surge com as respostas aos pontos listados na matriz SWOT ou das cinco forças de Porter.

No entanto, as táticas necessitam que quem as ponha em ação possua as habilidades específicas para tanto. No caso do *DJ* A, ele não sabe mixar uma música e seu estúdio também não tem acústica para finalizar um produto nos padrões exigidos pelo mercado. Logo, sua tática poderá ser melhorar a acústica de seu estúdio e aprender a mixar. Mas isso pode levar tempo e a oportunidade do mercado pode desaparecer. Portanto, a melhor tática seria alugar um estúdio com um engenheiro de som experiente em música eletrônica para finalizar sua música.

O planejamento tático irá definir o conjunto de ações a serem operacionalizadas para se atingir o objetivo estratégico. Dessa forma, o *DJ* A deverá elaborar uma lista de todas as tarefas a serem feitas, seus prazos iniciais, sua duração, seu término, seu custo, entre outras, como, por exemplo, marcar a data do estúdio de mixagem, acertar o cachê do engenheiro de som e pegar seus dados para os créditos no álbum. Com esse mapa elaborado, passa-se à operação propriamente dita.

9.6 Operação

Bom, nesse ponto estamos efetivamente colocando as mãos na massa. Enquanto a estratégia é um processo somente intelectual e a tática é uma mistura de intelectual com braçal, a operação é simplesmente braçal.

Mas é importante também não se deixar levar apenas por uma boa estratégia, porque o mercado é um ser vivo em constante mudança. Por isso, na operação deveremos medir nossos resultados para que, havendo alguma mudança, possamos corrigir a direção em tempo.

A esse processo chamamos *feedback* e controle. Esse é o coração do planejamento operacional. O *DJ* A tomou a decisão de cantar músicas eletrônicas *pop*, mas pode ser que a "onda" esteja passando e migrando novamente para um estilo eletrônico instrumental. Ele precisará medir constantemente seus resultados de aceitação pública pelo *feedback* dos fãs e do mercado como um todo, fato que inevitavelmente irá afetar a estratégia atual e demandar alterações na direção. Volta-se, portanto, à fase intelectual de repensar a estratégia (ou parte dela).

Cada item a ser mensurado deve ser identificado e regularmente acompanhado, como um imenso painel de controle ou *dashboard*. Existem diversos *softwares* gratuitos ou pagos que podem ajudar muito o processo operacional, muitos *online* e interativos. Recomendamos que utilizem a tecnologia da melhor forma possível para alavancar seus resultados, mas cuidado, não deixe a tecnologia utilizar você.

Essa imensa e contínua interação entre estratégia-tática-operação é exatamente o funcionamento normal e cotidiano de qualquer planejamento. Por isso, quem deseja entrar em um mercado deve estar cada dia mais afinado com seu movimento, como a observar sempre de perto e de longe (ao mesmo tempo) esse ente misterioso.

Como em qualquer planejamento de carreira, precisamos conhecer bem o mercado onde nos inserimos, e, por isso, todos os capítulos deste livro são interligados para dar um panorama das questões mais relevantes do *Music Business*. A utilização de todas as ferramentas e conceitos que conseguimos expor até aqui será sempre fundamental para que você saia da garagem e, com sucesso, permaneça fora dela.

Referências

ALLEN, Paul. *Artist management*. 2. ed. Nova Iorque: Focal Press, 2013.

ANDERSON, Chris. *A cauda longa*. Rio de Janeiro: Elsevier, 2006.

ASCENÇÃO, José de Oliveira. *Direito autoral*. 2. ed. Rio de Janeiro: Renovar, 2007.

BENHAMOU, Françoise. *Economia da cultura*. São Paulo: Ateliê Editorial, 2007.

BITTAR, Carlos Alberto. *Direito de autor*. 4. ed. Rio de Janeiro: Forense Universitária, 2004.

BYRNE, David. *How music works*. São Francisco: McSweeney's, 2012.

FLORIDA, Richard. *A ascensão da classe criativa*. Rio Grande do Sul: L&PM, 2011.

GAPINSKI, James H. The lively arts as substitutes for the lively arts. *American Economic Review*, Pittsburg, 76 (2): 20-25, 1986.

GRIMMING, Denise. *Curso básico de produção e gestão cultural*. Rio de Janeiro: Independente, 2003. ap. I.

KELSEN, Hans. *Teoria pura do direito*. 8. ed. São Paulo: Martins Fontes, 2009.

KOTLER, Philip et al. *Administração de marketing*. 14. ed. São Paulo: Pearson, 2013.

MANKIW, N. Gregory. *Introdução à economia*. 6. ed. Stamford: Cengage Learning, 2014.

MASSIN, Jean; MASSIN, Brigitte. *História da música ocidental*. Tradução de Ângela Ramalho Viana, Carlos Sussekind e Maria Teresa Resende Costa. Rio de Janeiro: Nova Fronteira, 1997.

MISES, Ludwig von. *Ação humana*. 31. ed. São Paulo: Instituto Ludwig von Mises Brasil, 2010.

PASSMAN, Donald S. *All you need to know about the Music Business*. 8. ed. Nova Iorque: Free Press, 2012.

PINTO, Aníbal et al. *Curso de economia*: elementos da teoria econômica. 3. ed. Rio de Janeiro: Fórum 1973.

PORTER, Michael. *Estratégia competitiva*. 2. ed. Rio de Janeiro: Campus, 2004.

REIS, Ana Carla Fonseca. *Marketing cultural e financiamento da cultura*. São Paulo: Thomson, 2006.

RIES, Al; Trout, Jack. *Marketing de guerra*. São Paulo: McGraw-Hill, 2006.

RIES, Al; Trout, Jack. *Positioning*. Nova Iorque: McGraw-Hill, 2001.

SUROWIECKI, James. *A sabedoria das multidões*. São Paulo: Record, 2006.

ST. JOHN, Richard. *The 8 traits successful people have in common*: 8 to be great. 2. ed. Toronto: Train of Thoughts, 2010.

TAUSSIG, Frank W. *Princípios da economia*. Barcelona: Espasa-Calpe, 1951.

TZU, Sun. *A arte da guerra*. São Paulo: Martin Claret, 2006.

Referências da Internet

Arts Marketing Association: <www.a-m-a.co.uk>.

ArtsMarketing.org: <www.artsmarketing.org>.

Associação Brasileira de Música e Artes (ABRAMUS): <www.abramus.org.br>.

Associação Brasileira dos Produtores de Discos (ABPD): <www.abpd.org.br>.

Audio Engineering Society (AES): <www.aes.org>.

Billboard: <www.billboard.com>.

Escritório Central de Arrecadação e Distribuição (ECAD): <www.ecad.org.br>.

Forbes Magazine: <www.forbes.com>.

Ibiza International Music Summit (IMS): <http://www.internationalmusic-summit.com/ibiza>.

Ibope Nielsen Online: <www.ibope.com.br>.

International Federation of the Phonographic Industry (IFPI): <www.ifpi.org>.

Instituto Brasileiro de Geografia e Estatística (IBGE): <www.ibge.gov.br>.

Natura Musical: <www.naturamusical.com.br>.

Revista Marketing Cultural Online: <www.marketingcultural.com.br>.

Sindicato dos Artistas e Técnicos em Espetáculos de Diversões do Estado do Rio de Janeiro (SATED-RJ): <www.satedrj.org.br>.

Sociedade Brasileira de Administração e Proteção dos Direitos Intelectuais (SOCINPRO): <www.socinpro.org.br>.

Songwriters Hall of Fame: <www.songwritershalloffame.org>.

União Brasileira de Compositores (UBC): <www.ubc.org.br>.

Wikipédia: <www.wikipedia.org>.

Referências da Legislação

Constituição da República Federativa do Brasil de 5 de outubro de 1988.

Código Civil – Lei 10.406 de 10 de janeiro de 2002.

Lei de Direitos Autorais – Lei 9.610 de 19 de fevereiro de 1998.

Lei da Propriedade Industrial – Lei 9.279 de 14 de maio de 1996.

Formato	17 x 24 cm
Tipografia	Iowan OldSt BT 11/15
Papel	Offset 90 g/m² (miolo)
	Supremo 250 g/m² (capa)
Número de páginas	152
Impressão	Digital Page